상냥한 지성 ③

공부의 고전。

: 스스로 깨우는 맛뜰을 익히기 위하요

에라스무스 외 지음

정지인 옮김

유유

옮긴이의 말 (7)

읽기 공부에 관하여 ·················· (13)
  − 성 빅토르의 후고

자유학문과 직업공부 ················ (53)
  − 루키우스 안나이우스 세네카

야만에 반대한다 ·················· (81)
  − 데시데리우스 에라스무스

공부의 목적 ····················· (107)
  − 후안 루이스 비베스

공부와 독서 ···················· (133)
  − 프랜시스 베이컨

독서와 글쓰기, 토론의 중요성에 관하여 · (143)
  − 새뮤얼 존슨

공부의 적합한 순서와 우리 시대의 공부법 (159)
  − 잠바티스타 비코

대학이란 무엇인가 ················ (201)
  − 존 헨리 뉴먼

잃어버린 배움의 도구들 ············ (249)
  − 도로시 L. 세이어즈

주 (299)

옮긴이의 말
영원히 변치 않는 공부의 본질

안녕하세요. 반갑습니다. 저는 이 책을 우리말로 옮긴 사람입니다. 지금 당신이 이 인사말을 읽고 있다는 건 '공부의 고전'이라는 책의 제목을 보고 왠지 모르게 끌리는 마음에, 아니면 적어도 궁금한 마음에 집어서 표지를 넘기고 책장을 넘겨 보았다는 이야기겠지요. 참 귀한 인연입니다. 왜냐하면 이런 제목에 흥미를 느끼는 사람이 그리 많을 것 같지 않다는 생각이 들기 때문입니다. (그 생각이 틀렸으면 좋겠습니다.) 당신은 공부에 관한 책이라면 왠지 한 번 더 눈길이 가고, 읽어 보고 싶은 마음이 드는 사람일지도 모르겠습니다. 혹은 공부가 넘어야 할 큰 산 같아서, 터벅터벅 오르고 있는 걸음이 너무 힘겨워서, 그 걸음을 조금이나마 가볍게 해 줄 오래된 현자의 안내서를 찾고 있는지도 모르겠네요. 어쩌면 오랜 세월 수많은 세대 독자들의 검증을 누차 통과하고도 계속해서 살아남은 고전의 힘을 믿는 사람일 수도 있겠습니다. '공부와 고전! 둘 다 내가 정말 좋아하는 주제인데, 나를 위한 책이로군!' 하고 책을 펼친 분도 있을 거고요. (그렇게 생각하고 싶습니다.) 제가 옮긴 책이라 백 퍼센트 객관적이라고 장담할 수는 없지만, 그 모든 분에게 좋은 책일 거라 믿습니다.

세상에는 공부에 관한 책이 참 많습니다. 공부해야 할 내용을 가르쳐 주는 책, 공부하는 방법을 알려주는 책, 힘내서 공부할 동기를 불어넣어 주는 책, 시험공부를 도와주는 책 등. 옛 사람들이 공부에 관해 이야기한 책도 제법 많습니다. 이 책도 그런 책 중 하나죠. 시험공부를 도와주는 것만 빼면(어쩌면 그것도!) 얼추 다 이 책 안에 들어 있습니다(잘 찾아보면 어딘가 분명 있습니다). 공부에는 여러 종류가 있지요. 진학을 위해, 취직을 위해, 자격증을 따기 위해 하는 공부가 있는가 하면, 전문 지식을 갖추거나 학문을 닦기 위한 공부도 있습니다. 사람의 삶 자체가 평생 공부하는 과정이라고 말할 때의 그런 공부도 있지요. 짐작하시는 대로 이 책은 뒤쪽의 공부에 좀 더 가깝지만 어떤 공부를 염두에 두더라도 도움이 될 만한 내용이 가득합니다. 어쩌면 기대하지도 않은 좋은 가르침을 발견하고 놀라게 될지도 모릅니다. 예를 들면 이런 이야기들을 보게 됩니다. 공부는 왜 해야 하는지, 어떻게 해야 하는지, 사람이 정말로 해야 하는 공부는 무엇인지, 공부를 해서 쌓은 지식과 지혜로는 무엇을 해야 하는지, 공부의 목적은 무엇인지, 공부하는 사람이 지녀야 할 태도는 무엇인지, 공부가 우리에게 주는 가치는 무엇인지, 제대로 기초를 닦기 위해서는 어떻게 공부해야 하는지, 공부하는 방법은 어떻게 배워야 하는지, 또 하지 말아야 할 공부는 어떤 것인지 등등. 다 꼽기가 어려울 정도네요. 더욱 중요한 것은, 각 시대의 차이를 뛰어넘어 변치 않는 공부의 본질이 담겨 있다는 것입니다. 어쩌면 삶 자체에 대한 가르침이라고 해도 좋을 겁니다.

　그런데 이 글들은 길게는 2천 년, 짧게는 70년 전에 쓰였습니다. 이 선현들의 말씀은 오늘날 우리가 생각하는 공부와는 다른 면이 분명히 있지만, 읽다 보면 예나 지금이나 달라진 게 하나도 없다는 생각도 자주 하게 됩니다. 어찌 보면 고루하게 보일 수 있지만, 옛날 사람들의 말이라고 어깨를 딱딱하게 굳힌 채 긴장하고 듣지 말고, 마음을 열고 편안하게 들어 보라고 권하고 싶습니다. 그러면 저분들이 각자 저렇게 열성적으로 이야기를 전하려고 애쓰셨구나 하는 느낌이 들고, 한 사람 한 사람의 진지하고, 올곧고, 까칠하고, 능청스럽고, 꼬장꼬장하고, 섬세하고, 장황하고, 기발하고, 용감하고, '상냥한' 개성이 살아나는 걸 느낄 수 있을 겁니다. 그러려면 천천히 곰곰이 곱씹듯이 읽는 것이 가장 좋을 겁니다. 여러 번 다시 읽을 수 있다면 더욱 좋겠지요. 저도 번역하는 동안 이 글들을 다른 책에 비해 훨씬 여러 번 읽었고, 이후에 다듬고 교정하는 과정에서도 반복해서 읽었습니다. 그런데 보면 볼수록 소중한 내용들을 더욱 깊이 이해하게 되고, 볼 때마다 '이 말이 이런 뜻이었구나', '이렇게 깊은 뜻이!' 하고 다시금 발견하고 놀라기도 합니다. 이건 아마도 제 빈약한 기억력과 이해력 탓이겠지만요. 나 자신이 저자와 같은 시대를 살고 있는 한 사람이라고 상상하며 읽는 것도 이 책을 몰입해 읽을 수 있는 한 방법이라고 생각합니다.

또 한 가지 짚고 넘어갈 점이 있습니다. 이 글들은 지난 2천 년 사이 유럽 지식인들이 썼습니다. 기독교 세계관이 자연스러운 공기처럼 배어 있던 세상에서 나온 글이라는 뜻이지요. 예수님보다 네 살 형인 세네카

선생님의 글만 빼면 다 그렇습니다. 그래서 (저처럼) 기독교인이 아닌 독자에게는 그 점이 좀 어색할 수도 있을 겁니다. 그러나 이 책의 방점은 종교보다는 지혜와 학문에 있기 때문에, 신은 당시 사람들이 추구해야 할 진리나 이상을 상징하는 정도라고 이해하고 넘어가면 될 것 같습니다. 저는 그랬습니다.

　대개 옮긴이의 글에서는 저자와 글에 대한 이야기를 하는데, 이 책에서는 이미 그런 소개글을 따로 썼기 때문에 후기에서 어떤 이야기를 할까 생각해 보았습니다. 그러다 보니 이 글들의 소중한 메시지가 고전이라는 딱딱함과 무게에 가려지지 않을까 하는, 기우일지도 모를 소심한 걱정에 이런 이야기를 하게 되었네요. 제가 느낀 배움과 깨달음의 기쁨을 당신도 같이 느꼈으면 좋겠습니다. 저는 이만 물러갑니다. 이제 여기 모셔 온 어른들을 직접 만나 보세요.

　2020년 5월
　옮긴이 정지인

읽기 공부에 관하여

성 빅토르의 후고(Hugonis de Sancto Victore, 1096~1141)

성 빅토르의 후고는 12세기의 가장 영향력 있는 신학자라는 평가를 받는 수도사이자 철학자이다. 작센 공국의 블랑켄부르크에서 콘라트 폰 블랑켄부르크 백작의 아들로 태어나, 가족의 반대에도 불구하고 이른 나이에 수도사가 되었다. 1115년경 숙부이자 할버슈타트 주교인 라인하르트 폰 블랑켄부르크의 권유로 파리 근교에 있는 아우구스티누스 수도회의 성 빅토르 수도원으로 들어갔다. 그곳에서 수도사뿐 아니라 평신도까지 가르치는 성 빅토르 수도원 학교의 교장으로, 1133년경부터는 수도원장으로 성 빅토르 수도원을 이끌며 학자이자 수도사, 교사로 평생을 보냈다.

후고를 비롯한 성 빅토르의 학자들에 의해 형성된 성 빅토르 학파는 스콜라철학과 신비주의의 종합을 추구하며 12~13세기의 신학을 주도했다. 이들은 신앙과 이성을 조화시킨 성 아우구스티누스의 계승자답게 세속적 학문도 신학의 도구로서 그 가치를 인정하고 성찰적 삶의 안내자로서 학습을 장려했다.

이밖에 후고의 삶에 관해 알려진 사실은 많지 않다. 당시의 거의 모든 지식 분야를 아울렀던 그의 글들만이 다수 남아 있을 뿐이다. 성서에 관한 주석, 신비주의와 신학에 관한 논문, 철학론, 예술론, 서한문 등 그가 남긴 3천여 편의 원고는 여러 언어로 번역되어 중세 후기의 신학과 성서 해석, 철학, 교육에 큰 영향을 미쳤다.

『디다스칼리콘』Didascalicon('교육론'으로 번역할 수 있다)은 1120년대 성 빅토르 수도원의 학생들이 신학을 비롯하여 수사학, 철학, 성서 해석학 등을 공부하는 데 실질적인 도움을 주기 위해 쓴 안내서다. '읽기 공부에 관하여'De studio legendi라는 부제대로 공부하는 사람이 읽어야 할 모든 것, 읽기의 순서와 방식, 목적에 관해 이야기한다. 여기에는 그중 서문과 1권 및 3권의 일부를 골라 실었다.

서문

타고난 능력이 매우 빈약하여 아주 쉬운 것조차 자신의 지력으로 파악하기 어려워하는 이들이 많은데, 내가 보기에 이런 사람에는 두 부류가 있다. 한 부류는 자신이 우둔하다는 것을 모르지 않으나 그래도 할 수 있는 한 모든 노력을 기울여 지식을 얻고자 분투하고, 이러한 추구를 지치지 않고 지속함으로써 자기가 노동한 결과로는 결코 소유하지 못할 것을 의지력으로 얻어 내는 이들이다. 또 한 부류는 자신에게 가장 높은 경지의 지식을 이해할 능력이 결코 없다는 것을 알기에 최소한의 배움조차 게을리하고, 나태함 속에서 태평하게 늘어져 자신이 이해할 수 있는 아주 작은 지식조차 배우기를 거부한 탓에 위대한 일들 속에 담긴 진리의 빛에서 더욱더 멀어져 가는 이들이다. 「시편」 저자가 "그들은 자신이 잘 살아갈 방법도 알고자 하지 않으니"라고 한 것은 바로 이런 자들을 두고 한 말이다. 알지 못하는 것과 알고자 하지 않는 것 사이에는 큰 차이가 있다. 모르는 것은 분명 빈약한 능력에서 비롯하지만, 앎에 대한 경멸은 사악한 의지에서 비롯한다.

또 다른 부류의 사람들이 있으니, 이들에게는 자연이 부족함 없는 능력을 풍부하게 부여하고 진리에 쉽게 이르는 길을 보여 준다. 이들 사이에도 당연히 능력의 차이는 있지만 그보다 더 중요한 것은 수련과 학습으로써 타고난 감각을 갈고 닦으려는 덕 또는 의지의 차이이다. 이 부류 중에는 세속의 일과 그 관리에 필요 이상으로 열중하거나 악습과 육체의 도락에 깊이 탐닉하여 신이 준 재능은 땅에 묻어 버린 채 그 재능에서 지혜의 열매도, 선한 일에서 얻는 이득도 구하지 않는 이들이 많다. 전적으로 혐오스러운 자들임이 틀림없다. 또한 그중에는 집안이 궁핍하고 수입이 빈약하여 배움의 기회가 적은 이들도 있다. 하지만 우리는 결단코 그러한 사정만으로 핑계를 댈 수는 없다고 믿는다. 배고픔과 갈증과 헐벗음 속에서도 고된 노력으로 지식의 열매를 얻어 내는 이들을 많이 보았기 때문이다. 게다가 배울 수 없는 것, 더 정확히 말해서 쉽게 배울 수 없는 것과 배울 수 있는데도 배우려고 하지 않는 것은 전혀 다른 일이다. 뒷받침해 줄 자원이 전혀 없는데도 순전히 노력의 힘으로 지혜를 얻는 것이 더욱더 영예로운 일인 것처럼, 타고난 능력과 풍요로운 부를 지니고 있으면서도 게으름 때문에 우둔해지는 것은 분명 더더욱 혐오스러운 일이다.

누구에게나 지식을 키워 가는 수단으로는 기본적으로 두 가지가 있는데, 이는 곧 읽기와 명상이다. 물론 교육에서 으뜸의 자리를 차지하는 것은 읽기이며, 이 책에서 이야기하고 그 규칙들을 제시하고자 하는 것 역시 읽기에 관해서다. 읽기를 위해 반드시 배워야 할 것이 세 가지가 있다. 첫째, 모든 사람은 자신이 읽어야 할 것이 무엇인지 알아야 하고, 둘째, 어떤 순서로 읽어야 하는지, 다시 말해 무엇을 처음에 읽고 무엇을 나중에 읽을지 알아야 하며, 셋째, 어떤 방식으로 읽어야 하는지 알아야 한다. 이 책에서는 이 세 가지를 차례로 하나씩 다룰 것이다.

1권

학문의 기원에 관하여

추구해야 할 모든 것 가운데 첫째는 변하지 않는 완벽한 선의 형상을 담고 있는 지혜이다. 지혜는 인간에게 빛을 비추어 그들이 자신을 인식하게 해 준다. 자신보다 더 높은 차원의 질서로부터 자신이 창조되었음을 알지 못한다면, 인간 역시 다른 모든 동물과 하등 다를 바가 없기 때문이다. 인간의 불멸하는 정신이 지혜의 조명을 받으면 그 빛으로 자신의 원리를 바로 볼 수 있게 되고, 그 정신 자체에 담긴 것으로 충분한데 정신 외부의 무언가를 더 찾고자 하는 것이 얼마나 부적절한 일인지를 깨닫는다. 그것은 아폴론 신전의 삼각대에 적혀 있던 지혜로, 곧 "너 자신을 알라"는 것이다. 자신의 기원을 잊지 않는다면, 모든 것은 무無임을 분명 깨달을 것이기 때문이다.

3권

무엇을 가장 먼저 읽어야 하는가

고대인들은 앞에서 거론한 모든 학문 가운데 교육받을 사람들이 통달해야 할 일곱 가지를 특별히 선별했다. 그들이 이 일곱 학문을 나머지 학문에 비해 월등히 유용하다고 간주한 까닭은, 그 일곱 가지를 철저히 교육받은 사람은 이후 다른 학문도 교사의 가르침 없이 스스로 탐구하고 노력하여 깨우칠 수 있기 때문이다. 동시에 그 일곱 학문이, 정신이 철학적 진리의 완전한 앎에 이르도록 길을 닦아 주는 가장 좋은 도구이자 최선의 기초 원리이기 때문이기도 하다. 이런고로 그 일곱 학문을 삼학trivium과 사과quadrivium라 불렀다.* 민첩한 정신은 마치 특정한 길들을 따라가듯이 그 학문을 따라감으로써 지혜가 있는 비밀스러운 장소로 들어갈 수 있다.

그 시절에는 이 일곱 가지 앎을 얻었다고 단언할 수 없는 사람은 스승이라 불릴 자격이 없다고 간주되었다. 피타고라스도 그 일곱 가지 자유학문에 맞추어

---

* 일곱 가지 자유학문(artes liberales)은 문법, 수사학, 변증술의 삼학(三學)과, 산술, 기하학, 점성술, 음악의 사과(四科)로 이루어진다. 트리비움(trivium)과 콰드리비움(quadrivium)은 각각 세 가지 길과 네 가지 길을 의미한다.

21

7년 동안 교사로서 학생들을 가르쳤다고 전해지는데, 그의 제자 중에 그가 말하는 것에 감히 이유를 캐묻는 이는 없었다고 한다. 학생들은 스승이 말하고 있는 동안 일단 스승의 말을 신뢰하며 끝까지 들었고, 그 말을 다 들은 뒤에는 스승이 말한 것들의 이유를 스스로 알 수 있었다. 또 어떤 사람들은 이 일곱 학문을 아주 열심히 공부하여 완전히 다 외웠고, 그 후로는 어떤 글을 손에 쥐든, 어떤 문제를 해결하거나 증명하려 할 때든, 그 문제를 해결하는 데 자유학문들이 제공해 주는 규칙과 이유를 찾으려 책을 뒤적이지 않고도 암기해 두었던 개별적 사항을 곧바로 꺼내 적용할 수 있었다는 기록도 전해진다. 이처럼 그 시절에는 혼자서 쓴 글의 양이 우리가 읽을 수 있는 양보다 더 많은, 학식 깊은 사람이 아주 많았던 것이 사실이다. 그러나 오늘날의 학생은 무지해서든 의지가 없어서든, 적합한 공부 방법을 지속적으로 적용하지 못한다. 공부하는 사람은 많으나 지혜로운 사람이 드문 것은 그 때문이다. 그런데 나는 학생들이 유용한 공부에 별 열의를 보이지 않는 것도 피해야 할 일이지만, 그에 못지않게 쓸모없는 공부에 노력을 낭비하는 것도 피해야 한다고 생각한다. 좋은 일을 추구하는 것을 게을리하는 것도 나쁘지만, 무의미한 일에 큰 노력을 기울이는 것은 더 나쁘다. 하지만 모든 사람이 자신에게 무엇이 이로운지 알 만큼 성숙한 것은 아니므로, 내가 어떤 글을 다른 글보다 더 유용하다고 여기는지 학생들에게 간단히 알려주고, 공부의 방법에 관한 말을 몇 마디 더 덧붙이고자 한다.

두 종류의 글에 관하여

글에는 두 종류가 있다. 첫째는 고유하게 학문이라 불리는 것이며, 둘째는 학문에 부수되는 것이다. 학문은 철학에 포함되는 것이니, 이 말은 곧 이 부류에 속하는 문법과 변증술 등이 그러하듯, 철학의 명확히 정의되고 확립된 일정 부분을 그 주제로 갖고 있다는 뜻이다. 그러나 학문에 부수적인 글은 철학과 피상적인 관계밖에 맺지 못한다. 물론 이런 글들도 때로는 학문에서 가져온 몇 가지 주제를 산만하고 혼란스럽게나마 다루기도 하고, 서사를 제시하는 방식이 단순하다면 철학으로 가는 길을 닦아 주기도 하는 것이 사실이다. 비극과 희극, 풍자시, 영웅시, 서사시, 약강격 시, 교훈시, 우화와 역사 등 시인들이 부르는 모든 노래가 이 부류에 속하며, 오늘날 우리가 흔히 '철학자'라 부르는 이들, 언제나 작은 문제를 말의 긴 우회로로 끌고 가 혼란스러운 이야기로 풀어내어 단순한 의미를 모호하게 만드는 이들, 서로 이질적인 것들까지 한데 모아, 말하자면 여러 가지 '색깔'과 형태가 모여 있는 것들을 하나의 '그림'처럼 그려 내는 이들의 글 역시 이 부류에 속한다. 내가 말한 두 가지, 학문과 학문에 부수적인 것의 구분을 항상 명심하라. 내가 보기에 이 둘 사이에는 아래 시인이 묘사한 것과 같은 간극이 존재한다.

버드나무가 회녹색 올리브나무에 자리를 내어 주고,
소박한 야생 감송이 진홍 장미들에 자리를 내어 주는
것처럼.

그 간극은 앎을 얻기 바라면서도 학문의 한낱 부산물들에 빠져들어 진리를 기꺼이 저버리는 자들이, 결국에는 엄청나게 큰 고통과 변변찮은 열매만을 발견하게 할 정도의 간극이다. 마지막으로, 학문 자체는 거기에 경계를 맞대고 있는 이러한 부산물 없이도 학생들을 완벽에 이르게 할 수 있는 반면, 후자는 어떤 완벽도 부여할 능력이 없다. 이는 특히 이 부산물들이 학문에서 가져오거나 응용한 것을 제외하면 학생들이 매력을 느낄 만한 아무것도 갖고 있지 못하기 때문이다. 또한 그 부산물에서는 원래 학문에 속한 것을 제외하고 아무것도 구하려 해서는 안 된다. 이런 이유로 우리는 만물의 기본 원리들을 담고 있고 순수하고 단순한 진리를 밝혀 주는 학문, 특히 앞에서 언급한 '모든 철학의 도구를 구성하는 일곱 가지 학문'에 가장 먼저 노력을 쏟아야 한다고 나는 생각한다. 그런 다음 시간이 허락한다면 다른 것들도 읽자. 때로는 진지함과 즐거움이 섞인 독서에서 더 큰 기쁨을 맛볼 수도 있고, 아주 가끔 하는 것이라면 좋은 것이 더 소중하게 느껴지니 말이다. 우리가 때로 어떤 이야기 속에서 만난 생각에 몰두하는 것도 그 때문이다.

　그러나 모든 배움의 토대는 바로 그 일곱 가지 자유학문에서 찾을 수 있다. 다른 무엇보다 이 학문들을 먼저 자유자재로 통달해야 하는 것은, 그것들이 없다면 철학이라는 학문은 그 무엇도 설명하지도 규정하지도 못하기 때문이다. 실제로 이 학문들은 개념적으로

서로 대단히 잘 결속하고 서로 의존하고 있어서, 그중 하나라도 빠지면 나머지가 다 있어도 한 사람을 능히 철학자로 만들기는 어렵다. 그러니 그 학문들을 관통하는 일관성을 제대로 알아보지 못해 그중 특정한 것만 골라 공부하고 나머지는 전혀 공부하지 않으면서, 자신이 고른 학문에서는 완벽해질 수 있다고 생각하는 사람들은 내가 보기에 큰 착오에 빠진 것이다.

각 학문은 그에 고유한 내용을 다루어야 한다

또 다른 착오가 있으니, 이는 방금 언급한 것보다 결코 덜 심각하다고 할 수 없으며 세심한 주의를 기울여 피해야만 한다. 꼭 읽어야 할 것을 빠트리지는 않지만, 지금 읽고 있는 학문에 고유하게 속하는 내용만을 다루어야 한다는 것을 모르는 사람들이 있다. 그래서 한 학문을 읽으면서 다른 학문들까지 한꺼번에 다루는 일이 벌어진다. 문법을 공부하며 삼단논법에 관해 이야기하고, 변증술을 공부하며 격변화를 파고드는 식이다. 더 어리석은 노릇은, 어떤 책의 제목을 논하면서 사실상 책 전체의 내용을 이야기해 버리고, 세 번째 강독을 마치고도 첫머리조차 끝내지 못하는 것이다. 이렇게 하여 그들이 이루는 것은 다른 사람들에게 배움을 주는 것이 아니라 자신의 지식을 뽐내는 것뿐이다. 모든 사람이 나처럼 그런 자들의 실상을 알아보기를 바랄 뿐이다! 그것이 얼마나 그릇된 짓인지 생각해 보라. 쓸데없는 세부사항에 관한 지식을 더 많이 모을수록, 유용한 앎을 파악하고 유지하는 일은 더욱 요원해질 것이 분명하다.

다음으로, 모든 학문에서는 다음의 서로 다른 두 가지를 잘 인식하고 구별해야 한다. 첫째는 그 학문 자체를 다루는 방식이고, 둘째는 그 학문의 원리를 다른 모든 일에 적용하는 방식이다. 이 둘은 서로 다른 별개의 일, 요컨대 학문을 다루는 일과 그 학문을 수단으로 하여 무언가를 다루는 일이다. 예를 들어 학문을 다루는 것은 문법을 다루는 것이며, 학문을 수단으로 하여 다루는 것은 어떤 문제를 문법적으로 다루는 것이다. 단어들에 주어진 규칙들을 비롯하여 문법이라는 학문에 고유한 여러 규칙을 제시할 때 우리는 문법을 다루는 것이며, 그 규칙에 따라 말하거나 글을 쓸 때 우리는 문법적으로 말과 글을 다루는 것이다. 따라서 문법을 다루는 것은 프리스키아누스[1])와 도나투스[2]), 세르비우스[3])의 책 등 특정한 몇몇 책에만 고유한 일이지만, 말과 글을 문법적으로 다루는 것은 모든 책에 고유한 일이다.

그러므로 우리가 어떤 학문을 다룰 때, 특히 그 학문을 가르치는 경우처럼 모든 것이 쉽게 이해되도록 개요를 추려 제시해야 할 때는, 해당 주제에 관해 가능한 간략하고 명료하게 제시해야 한다. 그러지 않고 본질에서 벗어난 생각을 과도하게 늘어놓으면 학생들에게 가르침을 주기보다는 정신을 더 산만하게 만드는 결과를 가져올 수 있다. 또한 꼭 해야 하는 말의 효과를 떨어뜨리지 않으려면, 할 수 있는 말이라고 해서 모두 다 말해서도 안 된다. 그러므로 모든 학문에서 그대가 추구해야 하는 것은 구체적으로 그 학문에 고유하게 속하는 것이라고 확실히 인정된 것이다. 나중에 그대가 그 학문들을 다 공부하고 또 논쟁과 비교를 통해 각 학문 고유의 관심사가 무엇인지 알게 된 연후에야, 각각의 원리를 다른 나머지 원리에 적용해 보거나 각 학문을 서로 비교 검토함으로써 전에는 잘 이해하지 못했던 것들을 더 깊이 탐구해 보는 것이 적절하다. 중심이 되는 큰길을 알기도 전에 여러 샛길로 들어가지 말라. 길을 잃을지도 모른다는 두려움이 없을 때라야 안전하게 길을 갈 수 있다.

공부에 필요한 것

공부하는 사람에게는 세 가지가 필요하니, 바로 타고난 자질과 실행과 규율이다. 타고난 자질이란 들은 바를 수월히 이해할 수 있고 이해한 바를 굳건히 유지할 수 있는 능력을 뜻한다. 실행을 거론하는 것은 근면한 노력으로 타고난 자질을 갈고닦아야 한다는 의미이며, 규율을 말하는 것은 칭찬할 만한 삶을 살아감으로써 도덕적 행동과 지식을 결합해야 한다는 의미다. 이제 이 세 가지에 대해 몇 마디씩 해 보겠다.

타고난 자질과 관련된 적성에 관하여

배움에 노력을 기울이는 사람들에게는 적성과 기억력이 동시에 갖추어져야 하는데, 이 둘은 모든 공부와 학문에서 둘 중 하나가 부족하면 다른 하나로는 그 누구도 완벽함에 이를 수 없을 정도로 서로 밀접하게 연관되어 있기 때문이다. 이는 돈을 벌어도 저축을 하지 않으면 아무 소용이 없고, 보관할 용기가 있어도 보관할 것이 없으면 아무 소용이 없는 것과 같다. 적성은 지혜를 모으고, 기억은 지혜를 보존한다.

적성은 선천적으로 정신에 뿌리를 두고 내면에서 힘을 얻는 능력이다. 그것은 선천적으로 생겨나고 쓸수록 더 향상되지만, 지나치게 쓰면 둔해지고, 적정한 실행에 의해 예리하게 벼려진다. 이를 누군가가 다음과 같이 잘 표현해 두었다.

제발! 나를 위해 당신 자신을 좀 아끼시오! 그 종이 위에는 지겨운 것들밖에 없다오! 나가서 탁 트인 공기 속을 좀 달리란 말이오!

적성을 단련시킬 수 있는 것이 두 가지 있으니 바로 독서와 명상이다. 독서는 책에서 가져온 규칙과 가르침들로 우리의 정신을 형성하는 일이며, 교사의 독서, 학생의 독서, 독립적 독자의 독서 세 종류가 있다. 이 각각에 대해 우리는 "나는 그에게 책을 읽어 준다",

"나는 그의 밑에서 책을 읽고 있다", "나는 책을 읽고 있다"라고 말한다. 책 읽기에서 특히 주의를 기울여야 할 것은 순서와 방법이다.

책 읽기의 순서에 관하여

순서에도 종류가 있으니, 학문들 간의 순서는 예컨대 내가 문법은 변증술보다 더 오래되었다거나, 산술학이 음악보다 먼저라고 말할 때의 순서이다. 또 다른 순서는 책이나 글 묶음들 사이에서 나타나는 것으로, 예컨대 『카틸리나 전기戰記』Bellum Catilinarium가 『유구르타 전기』Bellum Jugurthinum보다 앞선다고 말할 때의 순서이며, 또 하나는 서사의 순서로서 연속적으로 이어지는 순서를 말하며, 나머지 하나는 텍스트를 해석할 때의 순서다.

학문에서는 자연스러운 순서에 따라 배열된다. 이 말은 즉, 책이 저자에 따라 혹은 주제의 성격에 따라 배열된다는 뜻이다. 서사에는 두 가지 배열이 있는데, 일어난 순서에 따라 행위를 이야기하는 자연적 배열이 하나이고, 나중에 일어난 사건을 먼저 이야기하고 이

전에 있었던 사건을 그 후에 이야기하는 인위적 배열이 또 다른 하나다. 텍스트를 해석할 때 따르는 순서는 탐구의 순서다.

해석에는 자구字句, littera, 뜻sensus, 내적 의미sententia의 세 가지 해석이 포함된다. '자구'는 단어들의 적합한 배열로 구성이라고도 한다. '뜻'은 자구에 표면적으로 제시되어 쉽고 명백하게 알 수 있는 의미이며, '내적 의미'는 해석과 논평을 통해서만 발견할 수 있는 더욱 심층적인 이해이다. 이들을 탐구할 때의 순서는 첫째가 자구이고, 둘째가 뜻, 마지막이 내적 의미이다. 이 과정이 다 끝나면 해석은 완료된다.

책 읽기의 방법에 관하여

책 읽기의 방법에서 핵심은 분석이다. 모든 분석은 한정된 것 또는 정의된 것에서 시작하여 한정되지 않은 것 또는 정의되지 않은 것의 방향으로 나아간다. 모든 한정된 것 혹은 정의된 것은 더 잘 알려져 있으며, 우리의 지식으로써 파악할 수 있다. 가르침 또한 더 잘 알려진 것에서 시작하여 그것들을 숙지시킴으로써 감취져 있는 지혜를 향해 다가간다. 나아가 분석하는 것이 고유의 기능인 이성으로써 탐구한다는 것은 보편적인 것에서 특수한 것으로 내려가 그것을 분석함으로써 개별적인 것들의 본성을 탐구하는 것이다. 모든 보편적인 것은 그에 속하는 특수한 것들보다 더 완전하게 정의되어 있기 때문이다. 따라서 배움에 나설 때 우리는 더 잘 알려져 있고 더 잘 정의되어 있으며 더 포괄적인, 보편적인 것에서 시작해야 한다. 그런 다음 차츰 더 내려가면서 분석을 통해 개별적인 것들을 구별함으로써 보편적인 것 속에 포함된 개별적인 것들의 본성을 탐구해야 한다.

명상에 관하여

명상이란 계획된 노선을 따라가며 길게 지속하는 생각으로 매사의 원인과 근원, 방식과 쓸모를 신중하게 탐구한다. 명상은 독서에서 시작되지만 독서의 수칙이나 원칙에 구애되지 않는다. 명상의 기쁨은 탁 트인 땅을 아무 거리낌 없이 달리는 데서 오기 때문이다. 자유로운 시선을 진리에 대한 사색에 두고, 만물의 이런 원인 저런 원인을 한데 모아 따져 보거나, 때로는 심오한 것들 속으로 파고 들어가 의심스러운 것과 모호한 것이 하나도 남지 않을 때까지 명상한다. 그러므로 배움의 시작은 독서에 있지만, 그 완성은 명상에 있다. 누구라도 명상을 아주 깊이 사랑하고 자주 명상하기를 바라는 사람이라면 명상은 그의 삶에 진정한 기쁨을 안겨 주고 시련 속에 있을 때 그에게 가장 큰 위로가 되어 준다. 특히 영혼이 세속의 시끄러운 일에서 벗어나 이생에서라도 영원한 고요의 달콤함을 미리 맛보게 해 주는 것이 바로 명상이라 하겠다. 또한 그 사람이 신이 만든 것들을 통하여, 그 모든 것을 만든 존재인 신을 발견하고 이해하게 되었을 때, 신 역시 그의 정신에 앎을 선사하며 흘러넘치는 기쁨을 불어넣어 준다. 이런 점을 생각해 보면 가장 큰 기쁨은 명상에서 찾을 수 있다는 결론이 나온다.

명상에는 세 종류가 있다. 하나는 도덕에 관한 숙고이며, 둘째는 계명들을 철저히 검토하는 것, 셋째는 신의 조화造化를 탐구하는 것이다. 도덕은 미덕과 악덕 속에서 찾을 수 있다. 신의 계명은 명령하거나 약속하거나 겁을 준다. 신의 조화는 신이 창조한 것, 신의 지혜로써 처분하는 것, 신의 은총이 결과를 보탠 것으로 이루어진다. 그리고 이 모든 것이 얼마나 큰 경탄을 받아야 마땅한지 더 깊이 알게 될수록, 그 사람은 신의 경이로움에 대해 지속해서 명상하는 일에 더욱 열렬히 몰두하게 된다.

기억에 관하여

기억에 관해 꼭 해야 할 말은, 적성은 분석을 통해 탐구하고 발견하며, 기억은 추려 모으는 것을 통해 유지된다는 것이다. 배움의 과정에서 분석한 것과 반드시 기억에 담아 두어야 할 것은 추려 모아야만 한다. '추려 모은다'는 것은 어느 정도 자세히 글로 썼거나 토론한 것들을 꼭 필요한 내용만 추려 간결하게 개요로 가다듬는 것이다. 고대인들은 그러한 개요를 '에필로구스'epilogus라고 불렀으니, 이는 곧 이미 말한 것들을 제목으로 추려 짧게 다시 말하는 것이다. 모든 설명에는 사태의 진리 전체와 그에 대한 생각의 힘이 기반을 두고 있는 원리가 존재하며, 나머지는 모두 이 원리로 거슬러 올라간다. 이 원리를 찾아내고 숙고하는 것이 바로 '추려 모으는' 것이다.

수원水源은 하나이나 거기서 갈라져 나온 개울은 여럿이다. 왜 구불구불 흘러가는 개울을 따라가는가? 근원을 붙잡으면 그대는 전체를 가지는 것이다. 내가 이런 말을 하는 까닭은 인간의 기억력은 둔할 뿐 아니라 짧은 것을 좋아해서 여러 가지 것에 흩어 놓는다면 각각에 나누어 줄 기억력이 줄어들기 때문이다. 따라서 우리는 모든 배움에서 간결하고 믿을 만한 개요를 추려 모아 기억의 작은 상자에 보관해 두어야 한다. 나머지 모두는 나중에 필요할 때 그 개요들로부터 이끌어 낼 수 있다.

그러므로 나의 학생이여, 내 그대에게 명하노니, 많은 것을 읽었다고 크게 기뻐하지 말고, 많은 것을 기억 속에 유지할 수 있음을 기뻐하라. 기억에 담아 둘 수 없다면 많이 읽고 이해해도 아무 득이 없나니. 그리고 이런 이유로, 앞에서 말한 것을 다시 한번 상기하자. 공부에 전념하는 사람에게는 적성과 기억력이 둘 다 필요하다.

규율에 관하여

어느 현명한 사람이 공부의 방법과 형식에 관한 질문을 받고 이렇게 말했다.

겸손한 마음, 알아내고자 하는 열의, 고요한 생활,
조용하고 꼼꼼한 탐구, 청빈, 이방의 땅.
이것들이 많은 이에게 감춰진 배움의 장소를 열어
준다.

나는 그가 "바른 행실이 학문의 채비를 갖춰 준다"는 말을 들었고, 그에 따라 삶의 규칙을 공부의 규칙에 엮어, 학생에게 삶의 규준과 공부의 본질 모두를 알려 주고자 한 것이라 생각한다. 파렴치한 삶을 살고 있다면 어떤 배움도 칭찬할 바가 못 된다. 그러므로 배움을 추구하려는 자는 무엇보다 규율을 등한시하지 않도록 주의를 기울여야 한다.

겸손에 관하여

규율의 시작은 겸손이다. 겸손에 관한 가르침은 많지만 학생에게는 다음 세 가지가 특히 중요하다. 첫째, 학생은 어떠한 지식과 글도 하찮게 여기지 않는다. 둘째, 학생은 누구에게서든 배우는 것을 부끄러워하지 않는다. 셋째, 스스로 배움을 얻었을 때 다른 사람을 낮추어 보지 않는다.

미처 지혜로워지기도 전에 일찌감치 지혜로워 보이고 싶은 욕망에 현혹되는 이들이 많다. 그래서 갑자기 자신의 중요성을 한껏 부풀리면서, 자신이 아닌 것을 흉내 내고 자신의 본모습을 부끄러워하기 시작한다. 그들은 자신이 생각하는 정도만큼, 즉 지혜로운 정도가 아니라 지혜롭다고 생각하는 정도에 비례해 그만큼 더 지혜에서 멀어진다. 나는 이런 부류를 많이 보아 왔다. 아직 배움의 기초도 갖추지 못했으면서 주제넘게 가장 수준 높은 문제에만 관여하고, 위대하고 지혜로운 사람의 글을 읽거나 말을 들었다는 이유만으로 자신이 위대한 길로 잘 나아가고 있다고 생각하는 이들 말이다. 그들은 말한다. "우리는 그들을 보았다. 우리는 그들 밑에서 공부했다. 그들은 우리와 자주 이야기를 나누었다. 그 위대한 사람들, 그 유명한 사람들이 우리를 안다." "아, 아무도 나를 몰라주고, 내가 모든 것을 안다는 걸 몰라주면 어떻게 하나!" 그들은 플라톤을 이해한 것이 아니라 그를 본 것을 영광으로 삼는다. 사실 나는 그대들이 내 말을 듣는 것으로는 충분하지 않다고 생각한다. 나는 플라톤이 아니다. 내게는 그를 볼 자격이 없었다. 그대들이 철학의 샘 자체에서 물을 떠 마셨고, 그럼에도 여전히 갈증을 느낀다면, 그것으로 충분하다! "왕은 황금 잔으로 한 잔을 마신 후, 다음 잔은 토기 잔으로 마셨도다!" 부끄러워할 것이 무엇인가? 그대들이 플라톤의 말을 들었다면 크리시포스의 말도 들어 보라! "네가 모르는 것을 저 농부는 알지도 모른다"라는 속담도 있지 않은가.

처음부터 모든 것에 대한 앎을 부여받은 이는 아무도 없지만, 다른 한편으로 자연에게서 자신만의 특별한 재능을 부여받지 못한 이 역시 아무도 없다. 그러므로 지혜로운 학생이라면 기꺼이 모든 것을 듣고 모든 것을 읽도록 하고, 어떤 글도, 어떤 사람도, 어떤 가르침도 업신여기지 말아야 한다. 어떤 차별도 두지 않고 모든 것에서 자신에게 부족하다고 여겨지는 것을 구하며, 자신이 얼마나 많이 아는지가 아니라 자신이 얼마나 무지한지를 생각하는 이가 지혜로운 학생이다. "뻔뻔스럽게 내 생각만 밀어붙이느니 차라리 겸손하게 다른 사람의 말에서 배우겠다"라고 한 플라톤의 말을 사람들이 되뇌는 것도 바로 그런 이유에서다. 가르침을 받는 것은 부끄러워하면서, 왜 자신의 무지는 부끄러워하지 않는가? 가르침을 받는 것보다 모르는 것이 훨씬 부끄러운 일이다. 아직 저 낮은 바닥에 누워 있으면서 왜 저 높은 정상에 있는 양 꾸미는가? 차라리 현재 자신의 능력으로 할 수 있는 것이 무엇인지 생각해 보라.

순서대로 차근차근 가는 것이 앞으로 나아가는 가장 적절한 방법이다. 어떤 자들은 큰 도약으로 앞서가고 싶은 마음에 무모하게 아무렇게나 발을 뻗친다. 너무 서두르지 말라. 차근차근 가야 더 빨리 지혜에 도달한다. 자연이 모든 사람에게 부여한 특별한 재능을 그대가 세상과 나눌 수 있게 해 주는 것이 겸손이니, 그대가 모르는 모든 것을 기쁜 마음으로 배워라. 모든 것에서 기꺼이 배우고자 한다면 그대는 그 누구보다 지혜로워질 것이다.

　마지막으로, 모든 배움은 좋은 것이니 어떤 배움도 경시하지 말라. 적어도 시간이 있다면 책 한 권 읽는 것을 하찮게 생각하지 말라. 설령 그 책을 읽어 얻는 게 아무것도 없더라도 잃는 것 또한 아무것도 없다. 더구나 내가 판단하기에, 어떤 책이든 적합한 곳에서 적합할 때에 집어 들기만 한다면 찾을 가치가 있는 무언가를 반드시 지니고 있으며, 또한 어떤 책이든 그 내용을 근면하고 꼼꼼하게 탐구하는 독자의 눈에는 다른 어디서도 찾을 수 없는 그 책만의 특별한 점을 가지고 있으니, 그런 독자는 희귀한 책일수록 그만큼 더 기쁜 마음으로 집어 든다.

　하지만 더 좋은 것을 없애 버리는 것이라면 그 무엇도 좋은 것이라 할 수 없다. 그대가 모든 것을 읽을 수 없다면, 더욱 유용한 것을 읽어라. 나아가 모든 것을 읽을 수 있다고 하더라도, 모든 독서에 똑같은 노력을 기울이지는 말라. 때로 사람들은 무언가를 단지 전혀 모르는 상태, 들어 본 적도 없는 상태를 벗어나려고 읽는다. 자기가 들어 보지 못한 것은 실제보다 더 큰 가치가 있다고 믿기 때문이기도 하고, 일단 어떤 열매를 맺는지 알게 되면 가치를 평가하기가 더 쉬워지기 때문이다.

이제 그대는 어떤 지식도 무시하지 않고 모든 것에서 기쁜 마음으로 배우게 해 주는 겸손이 자신에게 얼마나 필요한지 알았을 것이다. 마찬가지로 그대가 무언가를 알게 되었을 때도 다른 사람을 낮잡아 보지 않는 것이 옳다. 사람들이 부풀려진 에고의 악덕에 공격을 받는 까닭은 자신의 앎에 대해 지나치게 애정 어린 주의를 기울이기 때문이며, 스스로 자신이 뭔가 대단한 존재가 되었다고 느끼면 자기가 잘 알지도 못하는 다른 사람들은 자기만큼 대단할 리 없고 대단해지지도 않을 거라고 생각하기 때문이다. 오늘날 하찮은 것들을 퍼뜨리는 자들이 으스대며 돌아다니는 것도 그 때문이다. 그들은 나로서는 무엇인지 알 수도 없는 것을 찬미하면서, 우리 선조의 단순함을 비난하고 자신이 가진 지혜는 자기 자신에게서 태어났으므로 자기와 함께 사멸할 것으로 생각한다. 그들은 신의 말씀은 아주 단순한 화법으로 이루어졌으므로 그 누구도 스승 밑에서 따로 공부할 필요가 없으며, 자신의 예리한 정신만으로 진리의 감춰진 보물을 능히 꿰뚫을 수 있다고 말한다. 그들은 신성을 강의하는 사람들 앞에서 코를 찡그리고 입술을 일자로 모으면서도, 자신들이 그들이 전하는 말씀의 주인인 신을 모욕하고 있다는 사실은 알지 못한다. 그 말씀들은 물론 그 단순함으로 언어의 아름다움이라는 경지를 보여 주지만, 왜곡된 의미를 부여하는 자들은 그 깊은 운치도 느끼지 못한다. 그대들은 이런 부류를 흉내 내지 말라고 충고하는 바이다.

좋은 학생이란 겸손하고 유순해야 하며, 무가치한 일과 감각적 유혹에서 자유로워야 하고, 성실하고 열성적으로 모든 것에서 기꺼이 배우려 해야 하며, 결코 자신의 지식을 거만하게 이용해서는 안 되며, 비뚤어진 가르침을 전파하는 저자들은 마치 독을 본 듯 피해야 하며, 어떤 문제에 대해 판단하기 전에 철저하고 상세히 숙고해야 하며, 단지 학식 있는 것처럼 보이는 것이 아니라 학식을 갖추는 것을 추구해야 하며, 자신이 이해한 지혜의 말들을 사랑해야 하고, 그 말들을 마치 자신의 모습을 비추는 거울처럼 항상 눈앞에 두어야 한다. 그리고 만약 다소 모호한 탓에 도저히 이해할 수 없는 것이 있다고 해도, 학생은 곧바로 분노하여 저주를 퍼붓거나 자신이 이해할 수 없는 것은 아무 가치도 없다고 생각해 버리는 일은 없도록 해야 한다. 이러한 것이 학생의 규율에 적합한 겸손이다.

탐구하려는 열의에 관하여

탐구하고자 하는 열의는 실행과 관련된 것이며, 이 열의를 위해 학생에게 필요한 것은 가르침보다는 격려이다. 지혜를 사랑한 옛사람들이 우리에게 물려준 것과 후손이 기억해야 마땅한 선조들이 남긴 덕의 기념물을 부지런히 탐구하고자 하는 사람이라면 누구나 자신의 부지런이 그들의 부지런에 비해 얼마나 모자라는지 깨닫게 된다. 어떤 이들은 명예를 하찮게 여겼고 어떤 이들은 부를 던져 버렸으며, 어떤 이들은 상처를 입은 채로도 기뻐하고 어떤 이들은 고난을 무시했으며, 또 어떤 이들은 사람들이 모이는 장소를 피해 아무도 아는 이 없고 고독만 가득한 머나먼 은거지를 찾아가 오직 철학에만 전념했으니, 이는 덕의 길을 가로막는 흔한 욕망에 결코 마음을 주지 않고, 아무런 방해 없이 명상할 수 있는 크나큰 자유를 얻기 위함이었다.

우리는 철학자 파르메니데스가 15년 동안 이집트의 한 바위 위에서 살았다는 이야기를 읽었다. 프로메테우스는 사색에 대한 억제할 수 없는 사랑 때문에, 코카서스 산에서 독수리의 공격을 받으며 살았다고 기록되어 있다. 이는 그들이 진정한 선이란 사람들의 존경이 아니라 순수한 양심 속에 숨겨져 있으며, 결국 사라질 운명인 것들에 집착하여 자신의 선을 깨닫지 못하는 사람은 진정한 사람이라 할 수 없음을 알았기 때문이다. 이렇게 자신들이 정신과 지력의 측면에서 다른 모든 사람과 다르다는 것을 알았던 그들은 아주 멀리 떨어진 장소에 거주하는 것으로써 그 다름을 보여 주었다. 공동체란 모름지기 동일한 목적을 공유하지 않는 이들은 잘 포용하지 않기 때문이다. 어떤 사람이 한 철학자에게 쏘아붙였다. "도대체 당신은 사람들이 당신을 비웃는 것을 모른단 말이오?" 이에 철학자는 응수했다. "그들은 나를 보고 비웃지만 당나귀들은 그들을 보고 코웃음을 친다오." 한번 생각해 보라. 그 철학자는 그들에게 비난받는 것도 두려워하지 않는데 그 사람들의 칭송이라고 과연 얼마나 가치 있게 여기겠는가. 또한 모든 학문을 다 공부하고 최정상에 도달한 후 도공의 자리로 돌아갔다는 사람의 이야기도 우리는 읽어 알고 있다. 또 다른 이의 제자들은 갖가지 훌륭한 점을 들어 스승을 칭송했는데, 이때 스승이 신발 장인으로 능숙한 솜씨를 갖춘 점 또한 자랑거리로 여겼다.

우리 학생도 그들 안에서 지혜가 결코 나이 들지 않도록 하는 근면함을 지니기를 바란다. 저 수넴 여인 아비삭이 나이 든 다윗왕의 몸을 따뜻하게 덥혀 준 까닭은, 몸은 쇠하여도 지혜에 대한 사랑은 그녀의 연인을 떠나지 않았기 때문이다. "나이 든 사람은 육체의 거의 모든 힘이 변한다. 그러나 다른 모든 것이 사라져 가도 지혜만은 점점 더 커지나니. (……) 칭찬할 만한 추구로 젊은 날을 보낸 사람은 세월이 가면서 더욱 현명해지고 경험을 통해 더욱 원숙하고 지혜로워져, 노년에 이르면 이전에 했던 공부에서 가장 달콤한 열매를 수확한다. 그리하여 그리스의 유명한 현자 테미스토클레스는 107년을 살고 자신이 곧 죽게 됨을 깨달았을 때, 막 지혜로워지기 시작한 때에 이생을 떠나야 함을 슬퍼했다고 한다. 플라톤은 87세에 글을 쓰다가 펜을 손에 쥔 채 숨을 거두었다. 이소크라테스는 가르치고 글을 쓰는 노고로 99년의 삶을 꽉 채웠다. 그 밖에도 피타고라스와 데모크리토스, 크세노크라테스, 제논, 클레안테스 등 지극한 노년에 이르러서도 지혜의 추구로 젊은이와 같은 활기를 보여 준 철학자들이 있지만 더 언급하지 않고, 이제 시인으로 넘어가 보겠다.

호메로스와 헤시오도스, 시모니데스, 스테시코로스는 노년에 이르러 죽음이 가까이 왔을 때 이전의 작품보다 한층 더 아름다운 절창을 노래했다. 소포클레스가 노년에 이르러 오랫동안 가문의 재산을 돌보지 않자, 그 아들들은 부친이 망령이 났다며 금치산자로 만들려고 법정으로 데려갔다. 그러자 소포클레스는 법관들 앞에서 얼마 전에 완성한 『오이디푸스』의 이야기를 읊어 이미 노쇠한 나이에도 얼마나 지혜가 건재한지 그 증거를 직접 제시함으로써, 근엄하고 위엄 있는 법정을 박수갈채가 쏟아지는 극장으로 바꿔 놓았다. 또한 로마인 가운데 가장 학식이 높은 대 카토가 노인이 되어서야 그리스어를 배우기 시작한 것을 부끄러워하지도 절망스러워하지도 않았던 것 역시 놀라운 일이 아니다. 또한 호메로스는, 이미 고령으로 구부정해지고 노쇠해진 네스토르의 혀에서도 꿀보다 더 달콤한 말이 흘러나왔다고 전하지 않았던가." 이렇듯 고령으로 인한 노쇠조차 그들을 지혜의 탐구에서 떼어 낼 수 없었으니, 이 사람들이 얼마나 지혜를 사랑했을지 생각해 보라.

"위에서 말한 '아비삭'이라는 이름을 해석하면 나이 많은 사람들의 지혜에 대한 사랑의 위대함과 풍부한 판단력을 적절히 추론할 수 있다. 왜냐하면 '아비삭'은 '흘러넘치는 나의 아버지' 또는 '내 아버지의 깊은 울음소리'를 의미하는데, 이는 곧 이 노인에게는 인간의 말 너머로 천둥소리 같은 신의 목소리가 계속 머물러 있음을 분명히 보여 준다. 여기서 '흘러넘치는'이라는 단어는 잉여가 아니라 충만을 뜻한다. 또한 라틴어로 '수넴 여인'Sunamitis이란 '진홍빛 여인'을 뜻한다." 지혜에 대한 열의를 나타내기에 아주 적절한 표현이다.

나머지 네 가지 수칙에 관하여

다음의 네 가지 수칙은 먼저 규율을, 그다음에 실행을 교대로 논하는 방식으로 배열하였다.

(1) 고요에 관하여

삶의 고요는 정신이 금단의 욕망으로 산란해지지 않게 하는 내면의 고요든, 칭찬할 만한 유용한 공부를 위한 여가와 기회를 제공해 주는 외적인 고요든, 두 측면 모두에서 규율에 중요하다.

(2) 꼼꼼한 탐구에 관하여

꼼꼼한 탐구, 즉 명상은 실행과 관련이 있다. 그런데 꼼꼼한 탐구는 탐구하고자 하는 열의에 속하는 것처럼 보이기도 하는데, 만약 그것이 사실이라면 탐구의 열의에 관해서는 위에서 이야기했으니 우리는 여기서 쓸데없는 말을 반복하는 셈이다. 그러나 둘 사이에는 차이가 있다는 것을 알아야 한다. 탐구하고자 하는 열의는 지속적으로 자신의 공부에 노력을 기울이는 것을 의미하지만, 꼼꼼한 탐구는 진지한 숙고를 뜻한다. 공들이는 노력과 사랑은 그대가 과제를 끝까지 해내게 만들고, 염려와 경계는 그대를 신중하게 만든다. 그대는 공들이는 노력으로써 공부를 지속하고, 사랑으로써 공부를 완벽한 경지로 이끌어 간다. 또한 염려로써 미리 조심하고, 기민한 경계로써 면밀히 주의를 기울인다. 이 네 가지가 문헌학이라는 가마를 나르는 하인들이다. 문헌학에서 가장 중요한 위치를 차지하는 것이 바로 지혜이며, 저 네 가지는 정신을 훈련시키기 때문이다. 문헌학의 왕좌는 바로 지혜의 자리이다. 노력과 사랑, 염려, 경계가 문헌학의 가마를 나른다고 말하는 까닭은 사람이 그 네 가지를 실천할 때 지혜의 왕좌가 앞으로 나아가기 때문이다. 그러므로 힘이 있어 앞에서 문헌학의 가마를 나르는 두 젊은 남성은 하나의 과제를 외적인 완성으로 이끌어 가니 필로스Philos와 코포스Kophos, 즉 사랑과 노력이라는 이름으로 부를 수 있고, 뒤에서 나르는 두 젊은 여성은 내면의 은밀한 성찰을 이끌어 내니 염려와 경계라는 뜻으로 필레미아Philemia와 아그림니아Agrimnia라고 이름 지을 수 있겠다. 이 문헌학의 가마를, 이성적 영혼이 주관하며 네 운반자가 나르는 인체로 여기는 이들도 있다. 네 운반자는 남성적 기능과 성별을 가진 위쪽의 두 요소인 불과 공기, 여성적 기능과 성별을 가진 아래쪽 두 요소인 땅과 물이라고 본다.

(3) 청빈함에 관하여

사람들은 늘 학생들에게 청빈함에 만족하라고, 다

시 말해 사치를 좇지 말라고 설득하려 해 왔다. 이는 그들의 규율에 특히 더 중요한 일이다. "기름진 배에서는 섬세한 감각이 나오지 않는" 법이라지 않던가. 그러나 오늘날의 학생들은 이 점에 대해서 뭐라고 말할 수 있을까? 그들은 공부할 때 지켜야 할 검소함을 경멸할 뿐 아니라, 실상보다 훨씬 더 부유해 보이려 애쓰기까지 한다. 다들 자신이 무엇을 배웠는지가 아니라 무엇을 소비했는지를 자랑한다. 아마도 그들이 그러는 이유는 스승들을 흉내 내고자 하기 때문인 듯한데, 나로서는 그 스승들에 관해 거론할 가치를 하나도 찾을 수 없다!

(4) 이방의 땅에 관하여

마지막으로 사람을 단련시키는 힘을 지닌 또 한 가지, 바로 이방의 땅을 제안하는 바이다. 철학 하는 사람들에게는 온 세상이 이방의 땅이다. 어떤 시인은 이렇게 말했다.

나는 고향 땅이 어떤 달콤함으로 사람들을
유혹하는지,
그리고 그 땅을 잊지 못하게 하는지 알지 못한다.

이방의 땅은 거대한 덕이 자라날 출발점이다. 단련된 정신은 이방의 땅에서 우선 눈에 보이는 일시적인 것들의 변화부터 배우기 시작해 조금씩 차차 배움을 쌓아 나간다. 그런 후에는 그 땅을 완전히 떠나갈 수도 있을 것이다. 자기 고향을 다정히 여기는 사람은 아직 여린 초심자이며, 모든 땅이 자신의 고향과 같은 사람은 이미 강한 사람이지만, 온 세상이 이방의 땅인 사람은 완성된 사람이다. 여린 영혼은 자신의 사랑을 세상의 단 한 지점에 고정하였고, 강한 사람은 자신의 사랑을 모든 장소에 뿌려 놓았으며, 완성된 사람은 장소에 대한 사랑 자체를 지워 버렸다. 소년 시절부터 이방의 땅에서 살아온 나는 고향의 가난한 오두막집을 떠날 때 마음이 때때로 얼마나 슬퍼하는지 알고 있지만, 또한 그 마음이 나중에는 대리석 벽난로와 목재 벽판을 두른 거실마저 얼마나 거리낌 없이 하찮게 여기는지도 잘 알고 있다.

자유학문과 직업공부

루키우스 안나이우스 세네카(Lucius Annaeus
Seneca, B.C.4?~A.D.65)

루키우스 안나이우스 세네카는 로마제국의 정치가, 철학자, 문학가이다. 히스파니아(현 스페인)의 부유한 기사 가문에서 태어나 로마에서 철학과 수사학을 공부했다. 37년경 로마의 재무관이 되었는데 황제 칼리굴라는 웅변 실력이 뛰어난 데다 야심까지 상당했던 세네카를 시기해 죽이려고 했다. 간신히 위기를 넘겼지만 41년에 황제에 즉위한 클라우디우스도 그에게 간통 혐의를 씌워 코르시카로 추방했다. 그 결과 세네카는 49년에 클라우디우스와 재혼한 네로의 어머니 아그립피나가 당시 12살인 네로를 황제로 키우기 위해 가정교사로 발탁할 때까지 9년 동안 유배생활에서 벗어나지 못했다. 5년 후 17세의 네로가 황제에 즉위했고, 재위 초기 네로가 어느 정도 선정을 베풀도록 보좌하며 엄청난 부와 권력을 누리게 되었다.

56년에 쓴 『관용에 관하여』De clementia는 황제로서 갖춰야 할 관용의 덕에 관해 네로에게 들려주는 글이다. 그러나 네로가 폭정을 펼치고 세네카 자신도 정치적 영향력이 줄어들자 정치 일선에서 은퇴하여 학문과 집필에 몰두하며 말년(62~65)을 보냈다. 『자연 탐구』Naturales quaestiones, 『루킬리우스에게 보내는 도덕 서한』Epistulae morales ad lucilium, 『섭리에 관하여』De providentia, 『영혼의 평정에 관하여』De tranquillitate animi, 『자선에 관하여』De beneficiis 등 주요 저술 상당수를 이 시기에 썼다. 그러다 65년 네로가 자신에 대한 암살 음모에 세네카가 가담했다고 주장하며 자살할 것을 명령했고 이에 세네카는 스스로 동맥을 끊어 생을 마감했다.

후세의 우리에게 세네카는 에픽테투스, 마르쿠스 아우렐리우스와 함께 후기 스토아철학의 대표자로 가장 잘 알려져 있다. 기원전 4

세기 그리스에서 생겨난 스토아철학은 고통스럽고 혼란스러운 운명에 맞서 흔들림 없는 마음의 평정을 추구한다. 세네카가 쓴 글 중에도 그런 의연한 삶의 태도에 관한 이야기가 많다. 병약한 체질에도 늘 학문과 문학(비극도 여러 편 썼다)에 대한 열정을 불태웠으며, 정치적 야심을 마음껏 펴지 못하고 오래도록 유배지에 묶여 살아야 했고, 한때는 황제의 최측근으로서 로마제국 최고의 부와 권력까지 누렸다가, 제자인 황제에게 엄청난 재산을 모두 빼앗기고 목숨까지 내놓은 세네카. 그의 글에서 보이는 견고한 스토아적 삶의 태도는 그렇게 굴곡진 삶을 거쳐 온 결과가 아닐까.

말년에 쓴 『루킬리우스에게 보내는 도덕 서한』은 시칠리아의 행정장관이었던 루킬리우스라는 젊은 친구에게 보내는 서한 형식을 띠고 있는데, 실제로 주고받은 편지가 아니라 출판을 염두에 두고 편지 형식으로 자신의 생각을 풀어낸 글로, 상대의 반응을 예상하며 마치 대화를 주고받는 듯한 문체를 구사한다. 그 가운데 이 책에 실은 편지에서는 특히 학문에 대한 세네카의 스토아적 가치관을 엿볼 수 있다. 당시 교양 있는 지식인이라면 기본으로 갖춰야 할 학식으로 여겨졌던 자유학문 artes liberales에 대한 세네카의 생각은 남다르다. '자유'라는 단어가 들어간다고 해서 자유로운 학문인 것이 아니며, 그것을 공부하는 사람에게 '자유'를 줄 수 있어야 한다는 것이다. 즉, 지혜와 덕을 추구하는 철학이야말로 진정 자유로운 학문이며, 자유학문은 그 공부를 위한 기초를 닦는 과정에 불과하다고 보았다. 스토아철학자인 그가 말하는 자유란 어떤 부침에도 흔들리지 않고 덕을 추구할 수 있는 정신의 자유를 의미할 것이다. 공부를 하는 목적에 관해 다시 생각해 보게 만드는 글이다.

그대는 전부터 자유학문에 관한 나의 의견을 알려 달라고 물어 왔지. 그에 대한 답을 말하자면, 나는 무엇이든 돈을 버는 결과를 낳는 공부는 어떤 것도 존중하지 않으며 좋은 것이라 여기지 않는다는 것이네. 그러한 공부는 이익을 거두려는 활동이며, 정신의 채비를 갖춰 주는 한에서만, 또한 계속 그것만 하는 것은 아닌 경우에만 유용성을 인정할 수 있지. 그러니 자유학문은 정신을 쏟을 더 위대한 일이 없는 동안에만 일시적으로 해야 한다네. 그것은 기초를 닦는 공부일 뿐 우리가 해야 할 진정한 학문은 아니니 말일세. 자유학문이 왜 자유학문이라 불리는지는 그대도 알 것이네. 자유민들이 해야 할 가치 있는 공부이기 때문이지. 그러나 진정으로 자유로운 공부는 단 한 가지, 바로 그것을 공부하는 사람을 자유롭게 하는 공부가 아니겠는가. 숭고하고 견고하며 대범한 지혜를 추구하는 공부가 바로 그 공부일세. 나머지 모든 공부는 보잘것없고 유치하다네. 그대도 분명 저 한심하고 수치스러운 교사들이 가르치는 것 중에 좋은 것이 있다고는 생각하지 않겠지. 그런 것들은 배울 필요가 없으며, 이제 그런 배움은 끝내야 하네.

어떤 사람들은 자유학문에서 중요한 것은 그 학문이 사람을 선하게 만드는지 여부라고 말하면서도, 바로 이 선이라는 주제에 관해 이야기하지도 않고 목표로 삼지도 않는다네. 그들은 언어를 탐구하느라 분주하고, 더욱 멀리 나아가기를 바랄 경우 역사를 공부하고, 자신의 한계를 더 멀리 확장하고 싶으면 시를 공부하지. 그러나 이 중 어떤 것이 덕으로 가는 길을 닦아준단 말인가? 음절을 발음하고 단어를 연구하고 희곡을 암기하고 운율의 규칙을 세우는 것, 이 모든 것 중 어느 것이 두려움을 없애거나 욕망을 제거하거나 욕정을 억제해 주는가?

물어야 할 질문은, 그 사람들이 덕을 가르치느냐 아니냐 하는 것일세. 덕을 가르치지 않는다면 덕을 퍼뜨리지도 않는 것이고, 덕을 가르친다면 그 사람들은 철학자일 것이네. 그들이 어째서 덕을 가르치는 일을 하지 않는지 알고 싶은가? 모두 같은 공부를 하고 같은 것을 가르치면 남달라 보일 수 없기 때문에 각자 다른 공부를 하는 것이라네.

어쩌면 그대는 그들의 말을 듣고 호메로스가 철학자였다고 믿고 있을지도 모르겠네만, 그 말은 그들이 내세우는 주장에 의해 바로 무너진다네. 왜냐하면 그들은 때로는 호메로스를 덕 외에는 아무것도 인정하지 않고 쾌락을 회피하며 불멸성이라는 대가에도 불구하고 명예를 포기하는 금욕주의자로 만들었다가, 때로는 포식과 노래로 세월을 보내며 휴식만을 찬미하는 쾌락주의자로 만들었다가, 때로는 선善을 세 가지로 분류하는 소요학파로 만들기도 하고, 또 때로는 모든 것이 불확실하다고 믿는 학자로 만들기도 하니 말일세. 하지만 이렇게 온갖 주장이 난무하나 서로 양립하지 않으니 이 중 무엇도 진짜 호메로스에 관한 말이라고 할 수 없네. 사실 우리는 호메로스가 철학자였다는 점은 인정해야 할지도 모르겠네. 하지만 그가 시를 알기 이전에 이미 지혜로운 사람이었던 것은 분명하네. 그러니 이제 호메로스를 지혜롭게 만든 것들을 살펴보세.

물론 나에게는 호메로스와 헤시오도스 중 누가 더

이전 사람인지 알아내는 것은 의미가 없네. 그보다는 오히려 헬레네보다 더 젊었던 헤카베가 왜 그렇게 서글픈 세월을 보냈는지가 더 중요하다고 생각하네. 자네 생각에는 아킬레우스와 파트로클로스 각자의 나이를 밝혀내는 일에 무슨 의미가 있을 것 같은가? "오디세우스가 헤매며 다닌 지역들이 어디인가?"라고 묻기보다, 차라리 우리 자신이 어느 때든 길을 잃지 않도록 노력하는 것이 낫지 않겠는가? 그가 거친 파도에 시달렸던 바다가 이탈리아와 시칠리아 사이의 바다인지 아닌지, 혹은 우리가 아는 세상을 벗어난 곳인지(사실 우리가 아는 좁은 범위 안에서는 그렇게 오래 헤매 다니는 것은 불가능한 일이지)에 관한 강의를 듣고 있을 여유가 우리에게는 없네. 우리 역시 매일같이 우리를 이리 밀치고 저리 던지는 정신의 폭풍우를 만나며, 오디세우스를 불행으로 몰아 갔던 그 경솔에 끌려다니지 않는가. 우리의 눈을 유혹하는 아름다움이나 우리를 공격하는 적들은 한 번도 부족한 적이 없으니 말일세. 이쪽에는 인간의 피를 마시며 기뻐하는 야만적인 괴물들이 있고, 저쪽에는 귀를 유혹하는 음흉한 것이 있으며, 저 너머에는 난파된 배와 온갖 종류의 불운들이 도사리고 있지. 오디세우스의 예를 든다면, 차라리 내가 나의 조국과 나의 아내 그리고 나의 아버지를 어떻게 사랑해야 하는지, 그리고 배가 난파되는 고난을 겪은 뒤에도 어떻게 명예로운 목적지를 향해 계속 항해할 수 있는지를 가르쳐 주면 좋겠네. 페넬로페가 정절을 지켰는지 아닌지, 다른 사람들에게 자신을 내맡겼는지 아닌지를 알아내서 무엇 하겠다는 것인가? 혹은 그녀가 오디세우스를 알아보기 전에 자기 앞에 있는 사람이 정말 그가 맞는지 의심했는지를 왜 알려고 하는가? 나라면 차라리 정절이란 무엇이며, 그 속에 얼마나 커다란 선이 담겨 있는지, 그것이 몸속에 있는 것인지 영혼 속에 있는 것인지를 가르쳐 주기를 바라겠네.

이제 음악가들을 살펴보세. 음악가는 나에게 높은 음과 낮은음이 서로 조화를 이루게 하는 법과 현絃들이 어떻게 서로 다른 음으로 화음을 만들어 내는지 가르쳐 주네. 그보다는 차라리 내 영혼이 그 자신과 조화를 이루도록, 나의 목적들이 서로 모순되지 않도록 해 주는 게 좋을 텐데 말일세. 음악가는 내게 처량한 선율을 들려주지만, 차라리 내가 역경 속에서도 처량한 소리를 내뱉지 않을 방법을 가르쳐 줬으면 하네. 기하학자는 내게 토지를 측정하는 법을 가르쳐 주네만, 차라리 나는 한 사람이 소유하기에 충분한 토지가 어느 정도인지 측정하는 법을 알고 싶네. 그는 내게 셈하는 법을 가르치고 나의 손가락들을 탐욕에 적응시키지만, 나는 차라리 그가 내게 그런 계산에는 아무 의미도 없음을, 장부 정리하는 게 피곤할 만큼 큰 재산을 지니고 있다고 해서 더 행복해지는 것이 아님을, 혹은 자기 재산을 손수 다 계산해야만 하는 것을 가장 큰 불운으로 여기는 사람에게 그런 재산이 얼마나 쓸모없는 것인지를 가르쳐 주었으면 하네. 형제와 땅을 나눌 줄 모른다면, 땅뙈기를 분할하는 방법을 안들 무슨 소용이 있겠는가? 내가 땅의 넓이를 측정할 줄 알고 조금이라도 측정치가 어긋나면 그 오차를 바로 알아차릴 줄 안다고 해도, 성미 고약한 이웃에게 땅을 빼앗겼을 때 원통해한다면 그런 걸 알아서 좋을 게 무엇인가? 기하학자는 내게 내 토지의 경계선 안에 있는 땅을 잃지 않는 법을 가르쳐 주지만, 나는 땅을 다 잃어도 마음의 평정을 유지하는 법을 배우고 싶다네. "하지만 내 아버지와 할아버지의 땅을 내가 빼앗겨서야 되겠습니까?"라고 항변하는 누군가의 소리가 들려오네. 그래서 뭐가 어쨌단 말인가? 그의 할 아버지 이전에 그 땅은 누구의 소유였던가? 처음에 그 땅이 누구의 소유였는지 그가 설명할 수 있는가? 그는 지주가 아니라 소작인으로서 그 땅에 들어갔었네. 그렇다면 그는 누구의 소작인이었을까? 그의 주장이 맞는다면 상속자의 소작인이었을 것이네. 법률가의 말을 들어 보면 공유지는 개인이 소유할 수 없다고 하고, 그가 가지고 있고 소유하고 있는 것은 공유지이니 그 땅은 사실 인류 전체에 속하는 것이 아닌가.

　오, 그 얼마나 절묘한 기술인가! 기하학자는 원을 측정하는 법을 알고, 어떤 형태가 주어져도 사각형으로 만들 수 있으며, 별들 사이의 거리를 계산할 수 있으니, 그가 계산할 수 없는 것이 무엇이 있으랴! 하지만 그가 정녕 자기 직업의 대가라면, 나에게 인간의 정신을 측정해 주기를 바라네! 인간 정신이 얼마나 도량이 넓은지 혹은 얼마나 편협한지 내게 말해 주기를! 그가 직선이 무엇인지 잘 알아도 우리가 살아가는 이 삶에서 무엇이 올곧은지 모른다면 직선을 안다 한들 무슨 득이 되겠는가?

　다음으로 천체에 관한 지식을 뽐내는 사람들에게로 넘어가 보겠네. 다음과 같은 사실을 알고 있는 사람들 말일세.

차가운 별 토성은 어디로 숨어들고,
하늘의 불 수성은 어느 궤도에서 헤매는가.

이것을 알아서 무슨 이로움이 있다는 말인가? 토
성과 화성이 서로 충의 위치*에 올 때, 혹은 저녁에 수
성이 지면서 토성이 흰히 보일 때면 내가 근심에 빠질
것이어서? 어차피 그 별들은 어디에 있든 좋은 징조의
별이며, 변하지 않을 터인데 말일세. 별들은 벗어날 수
없는 궤도에서 끝나지 않는 운명의 회전을 계속한다
네. 정해진 계절에 돌아오고, 만사가 돌아가는 일에 영
향을 미치거나 예고해 주지. 그러나 무슨 일이 일어나
든 그 책임을 별들에 돌린다면, 변하지 않는 것들의 비
밀을 안다고 해서 무슨 도움이 되겠는가? 아니면 별들
이 단순히 암시만 주는 것이라면, 벗어날 수 없는 것을
예견해 보아야 무슨 소용이 있는가? 우리가 알든 모르
든 일어날 일인데 말일세.

달리는 태양과 그 뒤를 따르는 별들을 보라

---

* 지구에서 볼 때 태양의 정반대에 있는 위치.

내일이 결코 그대를 속이지 않을 것임을,

구름 없는 밤이 그대를 함정에 빠뜨리지 않을 것임을

알게 될 것이다.

나를 함정에서 안전하게 보호할 것들은 이미 충분히 준비되어 있다네. "'내일이 결코 나를 속이지 않을' 거라니요? 무엇이든 나도 모르게 벌어지는 일은 나를 속이는 것이지요." 나로서는 무슨 일이 벌어질지는 모르지만, 무슨 일이 벌어질 수 있는지는 안다네. 이로 인한 불안감은 전혀 없으며, 다가올 미래를 그 모습 그대로 가만히 기다리지. 조금이라도 혹독함이 줄어든 미래라면 그 시간을 최대한 잘 활용할 작정이네. 내일이 나에게 친절하다면 그야말로 일종의 속임수일 테지만, 나는 거기에도 속아 넘어가지 않는다네. 어떤 일이든 일어날 수 있음을 알고, 언제나 좋은 일만 일어나지는 않는다는 것도 아니 말일세. 나는 언제든 좋은 일을 맞이할 준비가 되어 있듯이 언제든 나쁜 일을 맞이할 준비도 되어 있다네.

이번 논의에서는 내가 정해진 경로를 벗어나더라도 양해해 주게나. 왜냐하면 나는 미술을 자유학문에 포함시키는 데 동의하지 않기 때문이네. 조각과 대리석 공예도, 사치에 기여하는 다른 것들도 마찬가질세. 나는 또 레슬링, 기름과 진흙을 다루는 모든 기술도 자유학문에서 추방하네. 그렇지 않으면 향수 제조자와 요리사 그리고 자신의 재능으로 우리의 쾌락에 봉사하는 모든 이도 다 자유학문에 받아들여야만 할 걸세. 정신은 야위고 둔한데도 몸은 살찌고 기름져 구토제를 집어삼키는 자들에게 어떤 '자유로운' 요소가 있단 말인가? 우리 조상들은 로마의 젊은이에게 똑바로 서는 법, 창을 던지고 휘두르는 법, 말을 모는 법과 무기 다루는 법을 가르쳤지. 그런데 자네는 그런 교육에 과연 '자유로운' 점이 있다고 믿을 수 있는가? 조상은 자식에게 누운 채로 배울 수 있는 것은 아무것도 가르치지 않았지. 그러나 새로운 교육체계도 옛 체계도 덕을 가르치거나 함양하지는 않네. 고삐로 속도를 통제하며 말을 몰 줄 알아도 자신의 열정은 전혀 통제 못 하고 오히려 끌려다닌다면 무슨 소용이란 말인가? 레슬링이나 복싱에서 아무리 많은 상대를 때려눕혀도 자신의 분노에 얻어맞아 정신을 못 차린다면?

"그렇다면 자유학문이 우리에게 기여하는 바가 아

무엇도 없다는 말입니까?"라고 묻는다면, 다른 측면에서는 기여하는 바가 아주 많지만 덕에 관해서는 전혀 없다고 대답하겠네. 내가 말한 여러 기술은 솔직히 손으로 하는 저급한 일이기는 해도 생활의 설비에는 아주 크게 기여를 하지. 그렇다고 해도 여전히 덕과는 아무 관계가 없다네. "그렇다면 우리는 왜 우리 아이들에게 자유학문을 교육하는 겁니까?"라고 묻는다면, 그 학문이 덕을 부여할 수 있어서가 아니라, 덕을 받아들이도록 영혼을 준비시켜 주기 때문이라고 대답하겠네. 아이들에게 기초 훈련을 시키는 문법의 '초급과정'이 자유학문을 가르쳐 주는 것이 아니라 자유학문을 일찍 습득할 토대를 만들어 주는 것처럼, 자유학문은 영혼을 덕으로 이끄는 것이 아니라 단지 그 방향으로 가도록 출발만 시켜 주는 것일세.

포세이도니오스는 기술artes을 일상적인 기술, 유희를 위한 기술, 아이들 교육을 위한 기술, 그리고 마지막으로 자유학문artes liberales의 네 가지로 나누었다네. 일상적 기술은 일꾼들이 손재주로 하는 기술로 생활의 설비를 마련하는 것이며, 이런 일은 아름다움이나 명예의 가식은 부리지 않는다네. 유희의 기술은 눈과 귀를 즐겁게 하는 목적을 갖고 있지. 저절로 올라가는 비계나 소리 없이 공중으로 올라가는 바닥, 서로 맞물려 있던 물체들이 저절로 해체되거나 떨어져 있던 것이 저절로 합쳐지거나 서 있던 것이 서서히 무너지는 등 여러 놀라운 무대 장치를 만들어 낸 기술자들이 이 부류에 속한다네. 미숙한 사람들은 이런 것에 깜짝 놀라며 탄복하지. 그런 사람들은 아무 경고 없이 일어나는 일이라면 그 원인을 알지 못하기에 매번 경탄한다네. 아이들을 교육하기에 적합하며 자유학문과 다소 비슷한 과목을 그리스인은 '일반교육'*이라 불렀는데, 우리 로마인은 이를 '자유학문'이라고 부른다네. 하지만 진정한 의미의 자유학문, 더욱 정확히 말해 자유로운 학문은 덕을 함양하는 학문뿐이라네.

"그렇지만 철학에도 자연과 관련된 부분과 윤리와 관련된 부분, 추론과 관련된 부분이 있는 것처럼, 여러 자유학문 속에서 철학도 한자리를 차지하지요. 자

---

* 엥퀴클리오스 파이데이아(ἐγκύκλιος παιδεία). 엥퀴클리오스(ἐγκύκλιος)는 ἐν(in)과 κύκλος(circle)에 명사나 형용사를 만드는 접미사 '-ῐος'가 붙어 만들어진 단어로 '순환하는', '둥글게 아우르는'이라는 의미가 있으며 여기서 '전반적인', '일반적인'의 의미가 나왔다. 파이데이아는 '아이를 가르친다'는 뜻의 파이데우오(παιδεύω)에서 파생된 단어로 교육을 뜻한다. 따라서 엥퀴클리오스 파이데이아는 어린이에게 전문적인 학문을 닦는 데 필요한 여러 기본적인 과목을 고루 가르치는 초등교육을 지칭하며 '백과사전'(encyclopedia)의 어원이기도 하다.

연과 관련된 문제를 해결할 때는 기하학의 도움으로 답을 얻어 냅니다. 따라서 기하학도 그것이 도움을 주는 철학의 한 부분이 아닌지요." 하고 물을 수도 있겠지. 그러나 우리에게 도움을 주어도 우리 자신의 부분은 아닌 것도 많다네. 오히려 우리에게 도움을 주는 것이라면 우리의 일부가 아닌 것이지. 음식은 몸에 도움을 주지만 몸의 일부는 아니네. 우리는 기하학에서 도움을 받지만, 철학에 기하학이 필요한 것처럼 기하학자에게는 목수도 필요하지. 그렇다고 목공이 기하학의 일부는 아니듯, 기하학도 철학의 일부가 아니라네. 게다가 각자가 하는 일 사이에는 분명한 경계가 있다네. 철학자는 자연현상의 원인을 탐구하는 반면, 기하학자는 숫자를 추적하고 계산하지. 철학자는 천체들이 어떤 이치를 따라 존재하며 어떤 힘과 속성이 있는지 알지만, 천문학자는 천체들의 다가옴과 멀어짐, 뜨고 지는 것을 관장하는 규칙, 실제로 어떤 천체도 가만히 멈춰 있을 수는 없지만 때때로 가만히 멈춰 서 있는 것처럼 보이는 시기 등을 기록하기만 한다네. 철학자는 거울에 모습이 비치는 원인을 알지만, 기하학자는 몸과 거울에 비친 상이 얼마나 떨어져 있는지, 어떤 거울의 형태가 어떤 상을 만들어 내는지를 말해 줄 수 있을 뿐일세. 철학자는 태양이 거대한 천체임을 입증하는 반면, 수학자는 태양이 얼마나 큰지를 계산하며 실험을 통해 지식을 쌓아 나간다네. 그러나 지식이 쌓이려면 특정한 원리들에 의지해야만 하지. 어떤 학문도 다른 학문에서 빌려온 토대에 의지한다면 그 자신의 주인일 수 없지 않은가. 철학은 어떤 다른 학문에도 도움을 요청하지 않으며, 자신의 땅 위에 모든 것을 세운다네. 반면 숫자의 학문은 말하자면 다른 사람의 땅에 세운 건물과도 같아서 모든 것을 남의 땅에 세운다네. 그들의 제 1원리를 받아들이고, 그들의 도움에 힘입어 결론에 도달하지. 아무 도움 없이도 진리에 도달할 수 있고 우주의 본성을 이해할 수 있다면, 나도 그것이 우리의 정신에 큰 도움을 준다고 말할 수밖에 없을 것이네. 정신은 천체에 관한 것들과 높은 곳에서 온 무언가를 자기 안으로 흡수함으로써 성장하는 법이니 말일세. 영혼을 완벽하게 만드는 것은 단 하나, 바로 선과 악에 관한 불변의 앎뿐인데, 철학 외에 다른 어떤 학문도 선과 악을 탐구하지는 않는다네.

이제 덕들을 하나씩 살펴보세. **용맹**은 두려움을 일으키는 것들을 무시한다네. 공포에, 우리의 자유를 억압하는 모든 힘에 도전하고 그 힘을 무시하고 꺾어 버리지. 그런데 '자유학문'이 이런 힘을 강화해 주는가? **신의**는 인간의 마음에서 가장 신성한 선일세. 어떠한 강압으로도 배신하게 만들 수 없고, 어떤 보상으로도 매수할 수 없다네. 신의는 이렇게 부르짖지. "나를 불태워라, 나를 베어라, 나를 죽여라! 나는 신의를 저버리지 않을 것이다. 나의 비밀을 알아내려는 고문이 더욱 극심해질수록 가슴 속 더 깊숙한 곳에 그 비밀을 묻을 것이다!" '자유학문'이 우리 내면에 이런 정신을 만들어 낼 수 있겠는가? **절제**는 우리의 욕망을 통제하는 것이네. 어떤 것은 몹시 싫어하여 아예 제거해 버리고, 어떤 것은 조절하여 건강한 수준으로 돌려놓지. 그러나 우리의 욕망을 절제하는 것은 절제 자체를 위한 것이 아니라네. 또한 식욕의 가장 적합한 척도로서 절제는 얼마나 먹고 싶은가가 아니라 꼭 먹어야 하는 것이 얼마인가를 아는 것이네. **인간애**는 동료들에게 거만하게 구는 것과 신랄하게 구는 것을 금지한다네. 인간애는 말과 행동과 감정으로 모든 사람을 예의 바르고 편안히 대하게 하지. 또한 악이 오직 남들만의 일이라 여기지도 않는다네. 인간애가 자신의 선을 사랑하는 주된 이유는 그것이 언젠가는 다른 사람의 선이 될 것이기 때문이라네. '자유학문'이 이런 성품을 가르칠 수 있는가? 아닐세. 마찬가지로 그 학문은 **소박함**과 **온건함**, **자기통제**, **검소함**, **청빈함**은 물론이고 이웃의 목숨을 자신의 목숨처럼 지키며 함께 세상을 살아가는 사람들을 함부로 이용하지 않는 것이 인간의 도리라는 것을 알게 하는 **자비**도 가르치지 않는다네.

누군가는 이렇게 말하겠지. "그런데 당신은 자유학문 없이는 덕에 도달할 수 없다고 했으면서, 그 학문이 덕을 키우는 데 도움이 된다는 것은 어째서 부인하는 것입니까?" 사람이 음식 없이 덕을 이루기는 어렵겠지만, 그렇다 해도 음식과 덕은 무관하지. 이와 같은 이치일세. 나무 없이는 배를 만들 수 없지만 나무가 배에 도움을 주는 것은 아니네. 그것이 없이는 무언가를 만들 수 없다고 해서, 그것의 도움으로 그 무엇이 만들어진다고 생각할 까닭은 없다네. 심지어 우리는 자유학문 없이도 지혜를 얻는 것이 가능하다고도 말할 수 있네. 덕이 반드시 배워야 하는 것임은 틀림없지만, 자유학문을 통해서만 배워지는 것은 아니기 때문이네.

그런데 지혜는 문자 속에 있는 것이 아닐진대 내가, 문자를 모르는 사람은 결코 지혜로운 사람이 될 수 없다고 생각하는 이유는 무엇일까? 지혜는 사실을 전달하지 단어를 전달하는 것은 아니네. 그러나 기억을 외부에서 보강해 주는 것이 없다면, 즉 문자로 기록해 둘 수 없다면 기억에 훨씬 더 많이 의지해야겠지. 지혜는 크고 넓은 것이라 자유로운 공간이 아주 많이 필요하다네. 사람은 신의 일과 인간의 일, 과거와 미래, 일시적인 것과 영원한 것을 배워야 하고, 시간에 관해서도 배워야 하네. 시간 하나에만 관련해서도 얼마나 많은 질문이 솟아나는지 보게나. 우선, 시간은 그 자체로 독립적으로 존재하는 것인가? 다음으로, 시간 이전에 혹은 시간 없이도 존재하는 것이 있는가? 시간은 우주와 함께 시작된 것인가? 우주가 시작되기 전에도 무언가는 존재했으니 시간은 그때도 존재했을까? 또한 영혼에만 관련된 질문도 무수히 많네. 영혼은 어디에서 온 것이며 영혼의 본성은 무엇인지, 언제부터 존재하기 시작했으며 얼마나 오래 존재해 왔는지. 영혼은 한 곳에서 다른 곳으로 거처를 옮기는지, 즉 한 동물의 형상에서 다른 동물의 형상으로 연속적으로 옮아가는지,

혹은 한때 육체의 노예로 잡혀 있어도 해방된 후에는 우주를 떠돌아다니는지. 영혼은 육체를 지닌 것인지 아닌지, 그리고 우리를 다 쓰고 난 다음에 영혼은 어떻게 되는지, 지금 영혼을 가두고 있는 이 감옥을 탈출하면 그 자유를 어떻게 사용하는지, 지나간 일은 모두 잊게 되는지 아니면 몸에서 놓여나 하늘로 올라갈 때부터야 비로소 자기 자신을 알게 되는지.

그러므로 그대가 인간의 일과 신의 일의 어떤 측면을 공부하든, 답해야 할 것과 익혀야 할 것이 너무 많아 그 엄청난 양에 질려 버릴 것일세. 그렇게 많고 그렇게 큰 주제들이 들어갈 빈 공간이 필요하니, 불필요한 것들은 모두 영혼에서 몰아내야 한다네. 또한 덕도 우리의 협소한 경계 속으로 저절로 알아서 들어와 주지는 않을 것이네. 위대한 주제에는 그에 걸맞은 넓은 공간이 필요하다네. 다른 모든 것을 몰아내고, 덕을 받아들이도록 가슴을 텅 비워 버리게나.

"하지만 여러 학문을 두루 잘 알게 되는 것은 기쁜 일입니다"라고 할 수도 있겠지. 그러니 그중 필수적인 만큼만 유지하세나. 그대는 쓸데없는 것을 유용한 것과 같은 장소에 놓아두고 집 안을 값비싼 물건의 호화로운 전시장으로 만들어 놓는 사람을 비난받아 마땅하다고 생각하겠지? 그러면서 필요 이상의 갖가지 공부에 탐닉하는 자는 비난할 만하다고 여기지 않는다는 말인가? 충분한 정도 이상으로 더 알고자 하는 이 욕망 역시 일종의 무절제라네. 왜 그럴까? 자유학문을 이렇게 지나치게 추구하는 사람은 불필요한 것을 배우느라 필수적인 것을 배우지 못한 탓에 성가시고 말 많고 시와 때를 가리지 못하며 자기만족에 빠진 따분한 자들이 되어 버리기 때문이라네. 디디무스라는 문법학자는 4천 권의 책을 썼다지. 그가 쓸데없는 책 4천 권을 쓴 것이 아니라 읽기만 했다고 해도 나는 그를 딱하게 여겼을 것이네. 그 책들에서 그는 호메로스의 출생지가 어디인지, 아이네이아스의 진짜 어머니가 누구인지, 아나크레온이 난봉꾼이었는지 아니면 술고래였는지, 사포가 매춘부였는지 아닌지 등, 답을 알아냈다고 하더라도 즉시 잊어도 될 온갖 하찮은 문제들을 파헤쳤다네. 자, 이제 내게 인생이 길다는 말은 하지 말게나! 우리 로마에도 도끼로 찍어 버려야 할 책들이 정말 많다네.

"정말 아는 게 많은 분이군요!"라는 찬사를 듣기까

지는 엄청난 시간을 소비하고 다른 사람의 귀를 엄청나게 성가시게 하는 대가를 치러야 한다네. 우리는 그보다 세련된 칭찬은 아닐지언정 "정말 선량한 분이군요!"라는 칭찬에 만족하세나. 혹시 내가 잘못 생각하는 것인가? 혹시 내가 모든 역사를 뒤져서 최초로 시를 쓴 사람이 누구인지 알아내야 마땅하겠는가? 아니면, 정확한 기록이 없다며 오르페우스와 호메로스 사이에 어느 정도의 세월이 놓여 있는지 추정해 보아야 하겠나? 다른 사람들의 시를 모아 놓은 아리스타르코스의 글들을 공부하며 음절들에 내 인생을 허비해야 하는가? 또 나도 기하학자들의 헛수고에 빠져 허우적대야 하는 것인가? 설마 내가 "시간을 아껴라"라는 훌륭한 격언을 잊어버린 것일까? 내가 이런 것들을 알아야 하는가? 모르고 넘어가도 되는 건 어떤 것일까?

가이우스 카이사르의 시대에 그리스 전역에서 청중을 모아 강의했고, 가는 도시마다 호메로스 비평가로 칭송받던 문법학자 아피온은, 호메로스가 『일리아스』와 『오디세이아』 두 편의 시를 모두 완성한 뒤에 트로이 전쟁을 담은 『일리아스』에 서시 한 편을 덧붙였다고 주장했다네. 이 진술을 뒷받침하기 위해 아피온이 제시한 주장은 호메로스가 자신이 쓴 책들의 권수를 암시하는 열쇠가 담긴 문자 두 개를 그 시의 여는 문장에 의도적으로 삽입했다는 것이었네. 박식하기를 바라는 사람이라면 이런 것까지 알아야 하며, 나쁜 건강, 공적이고 사적인 의무들, 일상적으로 해야 하는 일들, 잠으로 잃어버리는 그 모든 시간은 생각하지도 말아야 한다네. 그대의 인생을 이루는 해ᵞ들에다 이런 척도를 적용해 보게. 이런 모든 일을 다 할 수 있는 여지는 절대 없다네.

지금까지 나는 자유학문에 관해 이야기했네. 그러나 철학자들 중에도 쓸데없고 불필요한 것들을 잔뜩 붙잡고 늘어지는 이들이 얼마나 많은지 아는가! 심지어 그들은 문법학자가 그렇게 부러웠던지 음절들을 깔끔하게 나누는 규칙을 세우고 접속사와 전치사의 진정한 의미까지 몸소 규정하네. 다른 학문에서 중요하지도 않은 여분의 것을 모두 자신의 학문 안으로 가지고 왔고, 그 결과 신중한 삶보다 신중한 말하기에 대해 더 잘 알게 되었지. 지나친 정교함이 어떤 해로움을 초래하는지, 또한 진리를 얼마나 해치는지 내 말을 한번 들어 보게나. 철학자 프로타고라스는 사람들이 어떤 문제에 대해서든 양쪽 입장을 다 취할 수 있고 어느 쪽 입장에서 논쟁하든 똑같이 성공을 거둘 수 있다고 말했네. 그렇다면 모든 주제에 대해 양쪽 입장에서 다 논쟁할 수 있다는 그 주장에 대해서도 마찬가지겠지. 나우시파네스는 존재하는 것처럼 보이는 것들은 존재와 비존재 사이에 어떤 차이도 없다고 주장했다네. 파르메니데스는 존재하는 것처럼 보이는 모든 것 중에 우주 하나를 제외하면 아무것도 존재하지 않는다고 주장했지. 그런가 하면 엘레아의 제논은 하나를 제거함으로써 모든 복잡함을 제거해 버렸다네. 바로 그 무엇도 존재하지 않는다고 선언해 버린 것일세. 그 밖에도 피론 학파, 메가라 학파, 에레트리아 학파 등 온갖 학파들이 행한 일은 사실상 똑같다네. 그것은 바로 새로운 지식, 즉 비非지식을 도입한 것일세. 이 모든 학설은 자유학문의 잉여 더미에 한데 몰아넣어도 무방하다네. 어떤 부류는 아무 쓸모없는 지식을 내게 내밀고, 또 어떤 부류는 앎에 도달하리라는 희망마저 모조리 앗아가지. 물론 아무것도 모르는 것보다는 쓸모없는 것이라도 아는 게 낫네. 어떤 부류의 철학자들은 진리를 향한 내 시야를 밝힐 어떤 불빛도 비춰 주지 않고, 또 어떤 부류는 내 눈알을

뽑아내 아무것도 보지 못하게 만든다네. 내가 프로타고라스의 말을 믿는다면 만사에는 의심할 수 있는 것이 아무것도 없고, 나우시파네스의 말을 믿는다면 확신할 수 있는 유일한 것은 모든 것이 불확실하다는 것뿐이지. 파르메니데스의 말을 믿는다면 일자一者(unus) 외에는 아무것도 존재하지 않으며, 제논을 믿는다면 그 일자조차 존재하지 않는다는 것이네.

그렇다면 우리는 무엇인가? 우리를 둘러싸고 우리를 키워 주고 우리를 떠받쳐 주는 것들은 무엇인가? 그들의 말에 따르면 우주 전체가 헛되고 거짓된 그림자에 지나지 않는 것일세. 우리가 아무것도 모른다고 주장한 자들과 우리에게 아무것도 모를 이 특권조차 남겨 주지 않은 자들 중에서 내가 어느 쪽에 더 큰 분노를 느끼는지 나도 잘 모르겠네.

잘 지내시게.

야만에 반대한다

데시데리우스 에라스무스(Desiderius Erasmus,
1466~1536)

에라스무스는 네덜란드 로테르담 출신으로 16세기 기독교 인문주의를 대표하는 인물이며 본명은 헤리트 헤리츠존Gerrit Gerritszoon이다. 최초로 그리스어와 라틴어 대역 성경을 편찬한 일로 당대에도 유럽 최고의 지식인으로 명성을 떨쳤다. 고전 번역, 날카로운 풍자, 수많은 서한문 및 논문 집필로도 유명했다. 가톨릭교회의 세속화와 부패를 풍자하여 종교개혁에 사상적 기반을 제공했지만, 종교개혁의 지나치게 폭력적이고 급진적인 면에도 비판적 입장을 취했다.

1495년부터 파리대학에서 공부한 후 독립적인 학자로서 유럽의 여러 도시를 다니며 개인 교습이나 강의를 하고, 유럽의 사상가들과 친교를 맺어 서신을 주고받았다. 특히 토마스 모어 경과 친했으며 여러 해 동안 그의 집에 머물면서 『우신예찬』Moriae Encodmium 등을 썼다. 옥스퍼드대학에서 강의하는 동안 동료 교수인 교육개혁가 존 콜레트, 스페인 출신의 학자 후안 루이스 비베스와 존경과 우정을 나누었고, 1510년부터 1515년까지는 케임브리지대학의 퀸스칼리지에서 최초의 그리스어 교수로 교편을 잡았다.

저서로는 그리스와 라틴어로 된 격언집 『아다지아』Adagia(1500), 『기독교 병사를 위한 지침서』Enchiridion militis Christiani(1504), 『우신예찬』(1509), 『그리스어 신약성서』Novum instrumentum omne(1516), 『기독교 군주의 교육』Institutio principis Christiani(1516), 『진정한 신학의 방법』(1518), 『자유의지론』De libero arbitrio diatribe sive collatio(1524), 『아동교육론』De civilitate morum puerilium(1529), 『사도신경에 대한 설명』Explanatio symboli apostolorum sive catechismus(1533) 그리고 제자들의 라틴어 연습을 위한

독본으로 썼다가, 기독교 세계의 계몽과 개혁의 도구로 적합한 형식이라 판단해 이후로도 계속 써내려 간 글들을 모아 엮은 『대화』Colloquia familiaria(1518~1533) 등이 있다.

르네상스 연구가인 크레이그 R. 톰프슨은 "당대에 고전 언어와 문학의 지적인 연구를 가장 발전시키고 그 가치를 기독교인들에게 가장 잘 설명한 사람이 바로 에라스무스였다"고 평가했다. 여기에 일부 발췌한 『야만에 반대한다』Antibarbari(1520)는 기독교적 가치관에만 빠져 기독교 이외의 학문을 도외시하며, 결국 무지를 고수하던 당시의 기독교인들에게 인문학의 가치를 설파하는 책으로, 그러한 평가를 바로 확인할 수 있다. 여기서는 에라스무스의 친구인 야코부스 바투스Jacobus Battus를 화자로 내세워 대화체로 이야기를 풀어내는데, 당시 기독교인들의 세계관에 눈높이를 맞추어 살살 어르고 달래듯 이야기하는 품새가 웃음을 자아낸다.

**하느님의 계획이 이교도들로 하여금 지식의 체계를
갈고 닦게 하신 것은, 우리가 그것을 사용하라는
뜻이지 무시하라는 뜻이 아니다**

그들이 조화라 부르는 참으로 경이로운 만물의
질서를 점점 더 깊이 들여다볼수록 나는 지식의 체계
를 발견하는 일이 이교도들에게 맡겨진 것은 신의 계
획 없이 이루어진 일일 수 없다는 생각이 듭니다. 이
는 비단 나만의 생각이 아니라 중요한 저자들 상당수
의 생각이기도 했습니다. 스스로 지혜 자체이신 위대
하고 영원한 주관자께서는 가장 완벽한 방법으로 우주
만물을 갖추시고, 아름다운 변화들로써 그것들에 구별
을 지으시고, 가장 적절한 질서에 따라 배치하시어, 모
든 것이 서로 경이로운 조화를 이루게 하시고, 그 무한
히 다양한 세계 속에서 어느 하나도 아무 뜻 없이 움직

이는 것을 허락하지 않으시기 때문이지요. 당신께서 태어나기로 선택하신 그 황금의 시대가 그 이전과 이후 어느 시대보다 가장 훌륭한 시대가 되도록 결정하셨고, 자연에 존재한 모든 것이 그 시대의 행복과 영광을 높이는 데 사용되는 것에 흡족해하셨습니다. 당신께서 직접 "내가 땅에서 들리면 모든 사람을 내게로 이끌겠노라"[1] 약속하셨지요. 나는 여기에 '이끌다'라는 단어를 쓴 것이 더없이 적절하다고 생각합니다. 적이든 이교도든, 그 밖에 모든 이질적인 존재들까지 그들이 따르기를 원치 않아도, 심지어 그들의 의지에 반해서라도 반드시 그리스도를 섬기는 쪽으로 '이끌겠다'는 말씀이지요. 성 아우구스티누스가 나쁜 것들조차 아무 의도 없이 창조된 것은 없다고 말하게 했던, 그 위대한 우주의 조화는 어떻습니까? 세계가 처음 생겼을 때부터 있어 온 그 많은 징조와 예시하는 형상들, 신비들은 어디를 가리키고 있었던가요? 바로 그리스도의 시대가 아닙니까. 또한 모세의 율법과 그 모든 의식과 의례의 절차들, 그 모든 예배의 형식들, 약속들과 예언들은 어떠합니까? 이 모든 것들이 예시를 보여 주려 일어났었음을 바울이 증언하지 않았습니까? 왕국들의 교체는 말할 것도 없고, 엄청난 재앙들과 피비린내 나는 승리를 통해 온 세상을 로마라는 힘 있는 도시의 지배에 복종하게 만들면서 "그렇게 막대한 노력을 들여 로마 국가를 세운" 목적이 무엇이겠습니까? 그것은 기독교 종교가 태어났을 때, 한 명의 우두머리에게서 각각의 구성원들에게 퍼져나가듯 로마에서 세계의 방방곡곡으로 더 쉽게 전파될 수 있게 한 신의 계획에 따른 것이 아니었습니까? 또한 온 세상에 괴상하고 망측한 종교들이 창궐하도록 내버려 둔 것도 그분의 의도가 아니었습니까? 왜냐하면 단 하나의 바른 종교가 일어나면 최고의 영광으로 다른 모든 종교를 뒤엎어 버릴 것이기 때문이었지요. 좋은 것 중에 힘들여 애쓰지 않고 이루어지는 것은 하나도 없습니다.

　　학문과 예술을 발견한 것은 공부에 전념했던 그리스인들이었고, 그 후 경쟁에 뛰어든 라틴 세계는 전쟁에 관한 한 승리자였지만, 문학과 웅변에서는 그리스의 성취를 따라가지 못했습니다. 어떤 이들은 만물의 숨은 원인을 찾는 일에 몰두했고, 어떤 이들은 프로메테우스처럼 한자리에서 꼼짝도 하지 않은 채, 방황하다가 되돌아오는 하늘의 불덩이들의 움직임을 관찰했지요. 신의 신비를 탐구하려 노력한 이들도 있었고, 어떤 사람은 논증의 방법을 발견하고 또 어떤 사람은 웅변의 법칙들을 발견했습니다. 학식 깊은 사람들은 인간 사회의 관습을 묘사했고, 과거 행적에 대한 기억을 후세에 전달하는 일이 가장 큰 관심사인 사람들도 있었답니다. 고대인들은 법과 철학에 이미 얼마나 많은 땀을 흘렸습니까! 이 모든 일이 왜 일어났을까요? 우리가 세상에 도착하여 그 일들을 경멸의 눈초리로 바라보라고 그랬을까요? 그보다는 최고의 종교를 가장 세련된 학문으로 장식하고 보좌하라는 뜻이 아니었겠습니까?

이교도의 세계에서 모든 용감한 행위와 명석한 말, 독창적인 사고, 부지런한 전승은 그리스도가 당신의 사회를 위해 준비해 두신 것입니다. 그들이 자신들이 찾던 것을 발견한 것은 오직 그들에게 지성을 부여하고, 탐구에 열정을 더한 그분을 통해서였습니다. 그들의 시대가 그 창조적인 노고의 수확을 거둔 것은 그들 자신보다는 우리를 위한 일이었다는 말입니다. 모든 지역에서 모든 물건이 공급되는 것이 아니고, 베르길리우스의 말처럼 모든 땅에서 모든 작물이 나는 것도 아니듯이, 모든 시대는 각자의 재능만을 할당받을 뿐이지요. 많은 철학자가 지고至高의 선을 발견하기 위해 자신들의 삶과 지력을 쏟아부었습니다. 물론 그리스도는 진정한 지고의 선과 가장 탁월한 것은 자신의 시대를 위해 남겨두셨지만 말입니다. 하지만 그분은 나머지 모든 것도 쓸모없고 결실 없는 것이 되지 않도록 의도하셨지요. 자연은 시간의 단 한 조각도 허투루 흘러가게 내버려 두지 않는다는 것을 우리 눈으로 확인할 수 있습니다. 저 나무들을 보세요. 나무를 보니 적절한 예가 떠오르는군요. 이른 봄에 나무들은 수액으로 영양을 공급해 잎사귀들을 피워 냈고, 지금은 잎과 더불어 꽃까지 피어 있으니 그것을 바라보는 것만으로도 얼마나 큰 기쁨이 느껴집니까. 저 작은 꽃들도 여름이 오면 부풀어 올라 열매의 과육을 키워 낼 것이고, 가을이면 나무는 잘 익어 무거운 열매들을 매달고 서 있게 되겠지요. 그 열매들이 떨어지자마자 다시 가을에서 겨울로 넘어가는 계절이 오면 나무는 다가올 여름을 위한 새로운 싹을 만들며 보낼 것입니다. 겨울조차 게을리 보내지 않고 고요한 시간 동안 다시금 힘을 채워 가겠지요. 다양한 방식으로 이루어지는 천체들의 회전에서도 동일한 결과가 만들어집니다. 세상에는 커다란 불일치가 존재하지만, 그것이야말로 가장 완전한 조화이지요. 개별자든 보편자든 모든 것은 같은 방향으로 이끌리고, 모두 같은 길을 바라보며, 하나를 향해 나아가려 합니다. 따라서 가장 위대하고 훌륭한 주관자이신 그리스도는 자신의 세기에는 특별한 방식으로 지고의 선에 대한 인식을 할당해 두신 반면, 바로 그에 앞서는 몇 세기 동안의 시기에는 그 시대만의 특권을 부여하셨습니다. 그들은 지고의 선에 가장 가까운 것, 즉 가장 높은 학식에 도달할 운명이었던 것입니다. 사람이 고결한 추구로써 얻을 수 있는 것 가운데 앎보다 더 가치 있는 것이 있을까요? 실로 이 점에 관해서는 신께서도 기독교인들의 게으름이나 여가를 충분히 고려하시어, 해야 할 다른 일이 아주 많은 우리에게서 고된 노력을 아주 많이 덜어 주신 것입니다. 무언가를 처음부터 발명하는 것보다는 이미 최대한 상세하게 규명된 것에 숙달하는 것이 훨씬 쉬운 법이니까 말입니다. 만약 그들이 학문의 씨앗을 뿌려 두지 않았더라면 우리에게는 수확할 것이 아무것도 없었겠지요. 그들이 발명한 것들에 그 무엇도 추가한 적이 없고, 오히려 그

발명의 상당수를 훼손하고 망쳐 버린 우리가 우리만의 힘으로 무엇을 발명할 수 있었겠습니까? 그러므로 그들이 아무 대가도 없이 우리에게 제공한 것, 우리에게 크나큰 쓸모가 있는 것, 그리고 그들로서는 큰 대가를 치르고 얻어 낸 것을 우리가 받아들이려 하지 않는 것은 더더욱 배은망덕하고 비뚤어진 처사가 아닐 수 없습니다. 게다가 우리는 찬란한 선물을 거부만 하는 것이 아니라, 선물을 준 사람들에게 마땅한 감사를 표하는 대신 그들을 모욕하고 있는 것입니다.

학식보다는 무지가 사람을 오만하게 만든다

(……)

이제 두 사람의 경우를 상상해 봅시다. 둘 다 훌륭한 사람이지만, 한 사람은 배운 게 없어 투박하고 다른 이는 학식 있는 사람이라고 합시다. 둘 중 누가 더 나을까요? 이런 질문을 하면 사람들은 우물쭈물하면서, '학식도 있고 인격도 훌륭한 사람을 찾을 수 있겠지요' 하고 마지못해 얼버무립니다. 내가 보기에 솔직히 그런 사람을 찾기는 대단히 어렵습니다. 어디에나 배우지도 못했고 부도덕한 자들만 너무 많으니 말이지요. 성 히에로니무스는 그 대답을 할 때 조금도 주저하지 않았는데, 그들은 왜 그렇게 얼버무리는 것일까요? 그는 거리낌 없이 한껏 목청을 높여 성스러운 학식을 성스러운 무지보다 더 높이 평가했습니다. "다니엘은 자신의 마지막 계시를 볼 때, 의로운 사람은 별처럼 빛날 것이요, 학식 있는 사람은 창공처럼 빛날 것이라 말했다." 의로운 무지와 학식 있는 의로움을 어떻게 구별하고 있습니까? 전자는 별에 비유하고 후자는 창공에 비유했지요. 히에로니무스는 저 말을 하기 조금 전에 이런 말도 했습니다. "성스러운 무지는 오직 자신에게만 이롭다. 살아가며 교회에 아무리 큰 공을 세웠다 해도, 파괴자들을 막아 내지 못한다면 그만큼 교회에 해를 입히는 것이다." 어느 일에서나 그랬듯이 여기서도 히에로니무스는 옳았습니다. 좋은 것 중에서도 더욱 널리 알려진 것일수록 그것이 미치는 좋은 영향력도 더 커지기 때문이지요. 의롭게 살아가는 사람은 물론 아주 좋은 일을 하는 것이지만, 의로움이 가져오는 좋은 일은 오직 자신에게만 이롭거나 기껏해야 함께 살아가는 몇몇에게만 이롭습니다. 그 사람의 의로운 삶에 배움이 더해진다면, 그의 덕이 지닌 힘은 더욱 커질 것이고, 마치 그 앞에 횃불을 비춘 듯 더욱 찬란해지고 더욱 널리 알려질 것입니다. 그리고 만약 그가 자기 마음속의 가장 아름다운 생각들을 글로 옮길 수 있는 사람이라면, 다시 말해서 학식만 있는 것이 아니라 유창한 표현력까지 갖춘 사람이라면 인류를 위한 그의 쓸모는 친구나 동료, 이웃뿐 아니라 모르는 사람과 후손들, 머나먼 곳에 사는 사람에게까지 더욱 널리 퍼질 것이 분명합니다. 의로움이 배움으로써 뒷받침되지 않으면 글로써 후세에 전해지지 못하니, 그 의로움을 지닌 이의 죽음과 함께 세상에서 사라지지요. 반면 배움과 학식이 전 인류에게 퍼져 나가는 것은 땅도 바다도, 기나긴 세월도 막지 못합니다. 여기서 순교자의 피와 학식 있는 저술가의 펜 중 어느 쪽이 우리 종교에 더 큰 가치를 더했는지 비교하는 파렴치한 짓을 할 생각은 없습니다. 나는 지극히 뛰어난 유창함으로도 결코 근접할 수 없는 순교자들의 영광을 폄하하는 것이 아닙니다. 그러나 우리에게 미치는 유용성만 놓고 말한다면 우리는 순교자들보다 이교도들에게 더 많은 빚을 졌습니다. 사실 순교자는 아주 많았지만 학식 깊은 이들의 수는 아주 적었지요. 순교자들이 사망하면 기독교인의 수는 그만큼 줄어들지만, 학자들은 다른 이들을 설득할 수 있으니 기독교인의 수를 더욱 증가시킵니다. 한마디로 순교자가 흘린 피는 학식 있는 사람이 글로써 이단에 맞서 그들을 옹호해 주지 않았다면 기독교의 교리를 지킨다는 목적에 대해서는 헛되이 흘린 피가 되었을 것입니다. 고난에 처했을 때 훌륭한 글에서 큰 도움을 얻었던 기독교가, 평화와 번영을 누리는 오늘에 와서 그 훌륭한 글들을 추방하는 배은망덕을 범하지는 않을 것입니다. 이 평화와 행복이 바로 그 글들의 도움으로 얻은 것이니 말입니다.

나는 일부러 학문을 멀리한다고 대놓고 말하는 사람들을 볼 때마다 놀라움을 금할 수 없습니다. 이교도들이 발명한 것은 무조건 거부하겠다는 것이 얼마나 어리석은 일인지는 앞에서 살펴보았지요. 자랑스러운 일을 피하고 싶다는 그들의 말에 무슨 의미가 있는 것일까요? 그들이 아무런 죄가 아닌 일을 죄로 만드는 이유는 그들의 허약한 정신이 두려움을 느껴서라기보다는 자신의 나태함을 은폐하고자 하기 때문임이 분명합니다. 이런 자들이 훈계와 질책을 듣고서 태도를 바꾼다면 나도 그들이 단순히 착각한 것이라는 말을 믿어 줄 수 있을 것입니다. 하지만 어떤 종교가 사소한 단점을 우려하여 철저한 파멸에 빠져든단 말입니까? 이 어리석은 자들은 벌벌 떨며 호기심의 죄를 피하려 최선을 다하고 있지만, 그러는 동안 훨씬 더 파괴적인 위험에 빠져듭니다. 호라티우스는 "한 가지 악덕을 피했더라도, 또 다른 악덕에 빠진다면 아무 소용이 없다"라고 말했지요.

스킬라 괴물(바다 괴물)을 피했더라도 다시 카리브디스 괴물(소용돌이 괴물)에게 붙잡힌다면 아무 소용이 없듯이, 용케 폭풍을 피해도 배가 바위에 부딪혀 난파한다면 무슨 소용이 있겠습니까. 이 사람들의 어린애 같은 소심함은, "그들은 아무 두려움이 없는 곳에서 두려움을 느낀다"는 다윗 왕의 말에 딱 들어맞습니다. 미신을 따라 바람을 관찰하는 자는 결코 자신을 바다에 맡기지 않을 것이고, 초조하게 구름을 관찰하는 자는 끝내 추수하지 않겠지요. 가장 특출한 일을 해낼 수 있는 곳에서 있지도 않은 두려움을 상상해 내고, 심각하고 확실한 위험이 도사린 곳에서 나태하게 코를 골며 자는 것보다 더 큰 재앙이 있을까요? 그들은 바보 같은 걱정으로 우리의 눈에서 호기심이라는 티끌을 제거하고 싶어 하고, 자기들 눈에 있는 게으름의 들보는 보지 못합니다. 그들은 우리가 이미 충분히 알고 있는데도 항상 더 알고 싶어 한다며 꾸짖고, 우리를 인간다운 존재, 생동하는 존재로 만들어 주는 것을 배우는 일에는 아무 관심도 없습니다. 그들 말대로 우리가 지나치게 앎을 추구하는 거라고 칩시다. 그런데 명예로운 일이라면 지나친 것과 모자라는 것 중 어느 쪽이 더 명예로운 것일까요? 넘치는 것과 부족한 것 중 어느 쪽이 더 나을까요? 그들은 이교도의 책 어딘가에, 몹시 까다로운 이의 귀에는 충분히 엄격하지 않게 들릴 말이 적혀 있을지도 모른다고 두려워하면서도, "그러면 어찌하여 내 돈을 은행에 맡기지 아니하였느냐, 그리했다면 내가 와서 그 이자와 함께 그 돈을 찾았으리라"[2] 하는 주님의 무서운 목소리는 두려워하지 않습니다. 진정 주께서 가장 못마땅해하시는 것은 나태함입니다. 주께서는 모든 재산을 매춘부와 포주와 요리집에 탕진하고 돌아온 탕자는 반가이 맞으셨으나, 나누어 준 달란트를 하나도 축내지 않고 돌아온 종복은 호되게 꾸짖으셨지요. 하느님 아버지는 우리에게 기술과 지력과 이해력과 기억력의 씨앗을 나누어 주셨고, 이는 이자를 불려야 할 달란트입니다. 만약 우리가 열심히 일하고 노력하여 그 달란트를 두 배로 불리면, 주님이 돌아오셔서 부지런한 종복이라 우리를 칭찬하시고 그것을 우리의 재산으로 주실 것입니다. 그러나 만약 받은 달란트를 땅속에 묻어 두었다가, 다른 사람들은 자신이 받은 달란트로 만들어 낸 이득을 셈할 때, 우리는 게으름으로 쓸모없게 만든 달란트를 내민다면, 돌아오는 주님의 눈과 얼굴과 음성을 어떻게 견디려는 것입니까? 그 겁쟁이들이 정말로 두려워해야 할 것은 크나큰 이득이 있고 위험은 거의 없는 곳이 아니라, 바로 이런 일입니다.

권위자들을 반박하는 권위자들

(······)

증거를 두 가지만 더 인용하고 나서 다음 주제로 서둘러 넘어가도록 합시다. 두 가지 모두 매우 중요한 증거입니다. 학식에서도 성스러움에서도 모두 탁월했던 성 아우구스티누스는, 소심하다고까지 말하지는 않겠지만, 엄격한 양심까지 지니고 있어서 내게는 그가 아무 이유 없이 두려움에 떤 것처럼 보일 때가 많습니다(그렇게 훌륭한 분에게 이렇게 말하는 것에 대해서는 양해를 구하는 바입니다만). 이러한 모습은 그의 생애와 그가 쓴 『고백록』Confessiones과 『철회』Retractationes를 보면 쉽게 발견할 수 있지요. 그는 『기독교 교리론』De doctrina Christiana이라는 책에서 두 종류의 가르침을 제안했습니다. "이는 이방인, 즉 이교도들도 실천하는 가르침의 관습들이다." 그 사람들이 부르는 바로는 세속적 가르침을 말합니다. "이런 종류의 가르침 중 하나는 인간이 세운 원칙에 관한 것이고, 다른 하나는 이미 확립되어 있었거나 신이 세워 둔 것을 인간들이 관찰을 통해 알아낸 것에 관한 가르침이다. 인간이 세운 원칙들에는 미신적인 것과 그렇지 않은 것이 있다." 전체 논의를 반복하면 너무 장황할 테니 실제로 그가 한 말을 인용하지는 않고 전체 내용을 간략히 요약해 보겠습니다.

아우구스티누스는 미신적 범주에 마술, 주문 외기, 마법 걸기, 주술, 그리고 희생이나 새점, 점술, 강령술, 불점, 빵점, 물점, 흙점, 손금 등을 통한 예언을 포함시켰습니다. 이런 것들은 점쟁이와 마법사에게 속하는 것으로 사악한 영령의 도움으로만 행할 수 있는 것이므로 기독교인이 피해야만 하는 것이라고 올바른 판단을 내렸지요. 또한 그는 가장 큰 걱정과 해로움만 낳는 다른 몇 가지 유형의 관찰도 이 범주에 포함시켰습니다. 예를 들면 비전과 꿈의 해석, 내장의 관찰, 새들의 비행과 노래, 괴물, 천둥, 번개, 별, 제비뽑기, 재채기, 족제비나 생쥐가 달려가 서로 모이거나 끽끽 소리를 내거나 뭔가를 갉아 대는 것, 이명이나 눈이 튀어나오는 느낌, 나뭇잎의 바스락거림, 욕설, 환영 등과 같은 하찮은 것들이지요.

다른 부류로 인간이 세운 것이지만 미신은 아닌 것들로는 글, 만물의 명칭, 말하는 방식, 법률, 평민회의 결의를 비롯하여 이와 같은 성격의 많은 것들을 꼽았습니다. 아우구스티누스는 이런 것들을 비난하지 않았을 뿐 아니라, 그것들이 기독교인과 밀접한 관련이 있는 것이므로 최선을 다해 배워야 한다고 생각했습니다.

그중 가장 중요한 첫 부류에는 변증술, 수사학, 자연학, 산술학, 기하학, 점성학, 음악, 역사, 고대에 관한 지식 등 자유학문의 거의 모든 과목을 포함시켰지요. 나도 이들 각각에 대한 아우구스티누스의 의견을 인용할 준비가 되어 있어야겠지만, 여러분도 기꺼이 들을 마음을 지녀야 합니다. 그는 문법에 관해서는 우리가 논의해야 할 정도의 의견을 내놓지 않았지만, 변증술에 관해서는 (내 기억이 맞는다면)『기독교 교리론』2권 20장에서 변증의 방법들, 연관의 참과 거짓, 논리적 일관성의 유무, 반박, 정의, 구분에 관해 그답게 길고 꼼꼼하게 이야기했습니다. 심지어 연관의 형식들을 살펴보기 위해 사도 바울까지 거론한 것을 보면 우리가 변증술에 대해 무지하다는 것을 몹시 깨우쳐 주고 싶었던 모양입니다. 그는 같은 책의 2장에서도 변증술을 추천합니다. 내가 그 부분은 읽은 지 얼마 안 되기 때문에 그대로 인용할 수 있을 것 같군요. "단련된 변증의 기술은 우리가 신학 공부를 하며 온갖 질문을 검토하고 답을 찾는 과정에서 서로 다투려 하는 성향을 피하게 하는 데 필수적이어서 매우 큰 가치를 지닌다." 조금만 더 들어 보세요. "추론의 과정 중에는 토론에 참여한 누군가의 착오에서 생겨난 잘못된 의견도 들어가는데, 이럴 때 학식 있고 선량한 사람이 그러한 잘못된 의견을 이어받아 논리적으로 추론 과정을 밟아가다 보면, 결국 처음에 그 잘못된 의견을 냈던 사람은 계속 그 의견을 고수하다가는 자신이 비판하려한 바로 그것을 옹호할 수밖에 없는 혼란스러운 처지가 되므로 할 수 없이 자신의 오류에서 빠져나오게 된다."

변증술에 대해서는 이 정도로 해 둡시다. 아우구스티누스는 시인과 웅변가에 대해서도 많이 말했지만 나는 지금은 건너뛰고 나중에 더 적합한 부분에서 그들에 대해 다시 이야기할 생각입니다. 다른 학문들은 변증술만큼 중요하지는 않지만, 퀸틸리아누스가 웅변가에게 도움이 된다고 생각했던 것만큼 아우구스티누스는 신학자에게도 적잖은 도움이 될 것이라 생각했습니다. 그리고 음악이라는 주제에 대해서는 이렇게 말했지요. "성경에도 여러 군데에 운율과 음악이 명예롭게 언급되어 있다. 그러나 이교도들의 미신에 나타난 착오에 대해서 귀 기울여서는 안 된다. 그들은 아홉 무사여신들이 제우스와 므네모시네의 딸들이라고 말했다." 그리고 바로Varro의 말을 인용하며 그 우화가 어떻게 시작됐는지 설명하고 이렇게 덧붙입니다. "바로가 서술한 대로이든 아니든, 우리가 몽매한 이들의 미신 때문에 음악을 버릴 필요는 없다. 거기에 무엇이든 우리가 성경을 이해하는 데 유용한 것이 있다면 말이다."

산술학에 대한 논의는 이렇게 시작됩니다. "수에 관한 무지도 성경에 상징적이고 신비적으로 표현된 많은 것을 이해하지 못하는 원인이 된다." 이와 같은 방식으로 그가 기하학과 점성학에 대해 말하는 복잡한 논의들은 거론해서 별로 득이 될 것이 없습니다. 그런데 자연학의 지식은 성경 공부에 특히 필요한 것이라고 그는 판단했습니다. 성경 곳곳에 온갖 동식물과 돌의 이름이 등장하기 때문에, 자연학을 공부하여 그러한 것들의 중요성과 성질을 어느 정도 파악하고 있지 못한 사람이라면 그것들에 관해 설명하려 할 때 상당히 엉성해 보일 것입니다. 이 부분의 요점은 다음과 같습니다. "대상들에 대한 무지, 예컨대 성경에서 비유적으로 사용된 동물이나 식물, 돌, 기타 물건들의 성질을 모르는 것은 비유적 표현을 모호하게 만든다." 그는 다른 학문도 이처럼 타당함과 깊은 학식으로써 다루지요.

철학자들, 특히 행복의 길을 가르쳐 준다고 공언했던 철학자들에 대해 아우구스티누스는 뭐라고 말했을까요? 그가 그들의 책을 읽는 것을 금지하지 않았다면 놀라운 일일 것입니다. 그들은 감히 스스로 우주의 모든 지식을 소유한 진리의 주인이라 자처했고, 그럼으로써 스스로 모든 오류의 창시자임을 보여 준 자들이니 말이지요. 그들의 가르침은 우리의 거의 모든 이단을 양산했고, 그들의 정교한 추론들은 성벽을 파괴하는 무기처럼 기독교 신앙의 성벽을 치는 데 사용되어 왔습니다. 그런데 가장 공정한 사람인 아우구스티누스가 그들에 대해 뭐라고 말했는지 들어 봅시다. "철학자라 불리는 사람들, 그중에서도 특히 플라톤주의자들이 우연히, 진실하고도 우리의 신앙과 일치하는 어떤 말을 했다면, 우리는 그 말들을 두려워하며 피할 것이 아니라, 부당한 소유주로부터 빼앗아 와 우리 자신의 것으로 삼아야 한다." 이집트인들의 가재도구에 관한 다음의 매력적인 구절을 글자 그대로 전달하면 좋겠으나 그럴 수 없으니, 할 수 있는 한 충실히 옮겨 보고자 합니다. 아우구스티누스가 말하기를 『출애굽기』에는 이집트에서 노예 생활을 하던 히브리인들이 모세의 지도에 따라 몰래 탈출을 준비할 때, 각자 친절한 이웃에게서 온갖 종류의 가재도구와 엄청난 양의 반지와 의복, 용기들을 가져왔고, 그렇게 이집트인들을 약탈한 뒤 몰래 떠났다고 적혀 있습니다. 알다시피 이 탈출과 절도는 신의 인가를 받아 행해진 일이니 여기에 어떤 중요한 의미가 담겨 있다고 보아도 될 것입니다. 만약 그러한 본을 보여 줄 지도자가 없다면, 이집트인들을 약탈하는 일, 즉 이교도의 지혜를 취하는 일에 대해 겁을 먹을지도 모를 일부 사람들의 소심함을 고려하여 신의 섭리가 행해진 것이지요.

이집트에서 벗어난다는 것은 이교도의 미신을 버리고 기독교 신앙으로 개종한다는 것이며, 이집트의 부를 가져간다는 것은 이교도의 학문을 가져다 우리의 신앙을 위해 사용하고 장식한다는 것입니다. 야만인들은 이런 해석을 비웃을지도 모릅니다. 나보다 먼저 성 아우구스티누스가 이렇게 해석했다는 것을 밝히지 않는다면 말입니다. 왜냐하면 옛사람들은 그 히브리인들처럼 자신들에게 쓸모 있다고 판단되는 것이면 무엇이든 취하고, 해롭거나 쓸모없거나 부정한 것은 버렸다고 성 아우구스티누스가 말했기 때문입니다. 그러므로 우리는 이교도들의 악덕과 욕정과 욕망은 그들에게, 원래의 주인들에게 남겨 두어야 하지만, 만약 그들의 것 중에 황금 같은 지혜와 은과 같은 말씀과 훌륭한 배움이라는 도구가 있다면, 그것들을 모두 가져와 우리의 것으로 사용해야 합니다. 그리고 도둑질을 했다는 비난을 절대 두려워하지 말며, 오히려 가장 훌륭한 행위에 대한 보상과 찬사를 기대해야 합니다. 여기서도 우리는 유해하여 이교도들에게 남겨 두어야 할 것과 유용하여 우리가 채택해야 할 것이 어떤 것들이냐는 질문을 가지고 까다롭게 구는 일은 피해야 합니다. 아우구스티누스는 분류를 할 때 그가 미신이라고 부른 것들 외에는 어떤 것도 배제하지 않았습니다. 이는 그의 특징적인 면이지요. 그는 변증술, 수사학, 자연학, 역사 등 인간의 정신이 발견한 학문은 모두 금과 은의 표식을 달고 있는 것 같다고 썼습니다. 왜냐하면 그것들은 인간 스스로 만들어 낸 것이 아니라 만물에 스며들어 있는 신의 섭리라는 광산에서 마치 금과 은처럼 캐낸 것이기 때문이지요. 그는 이집트인들의 의복을 분명 필멸의 인간들이 세운 학문이기는 하지만, 이를테면 웅변의 법칙들, 평민회의 결의, 교황 칙령처럼 인간 사회의 관습에 딱 맞는 것을 상징한다고 해석했고, 모두 큰 쓸모가 있기 때문에 무슨 수를 써서라도 이교도들에게서 취해야 하는 것이라 보았습니다. 마지막으로 그는 재미있는 예를 풍부하게 들어 그 말을 다시 한 번 확인했습니다. "이는 우리의 선량하고 신앙심 깊은 많은 이들이 한 일이기도 하다. 상냥한 학자이자 성스러운 순교자인 키프리아누스가 이집트에서 나올 때 은과 의복들을 가득 채운 가방을 가지고 나왔다는 것을 모르는가? 락탄티우스는 또 얼마나 많이 가져왔는가? 빅토리누스와 옵타투스, 힐라리우스는? 살아 있는 사람들이 무수한 그리스의 것들을 얼마나 많이 가져왔는지는 말할 것도 없다. 하느님의 가장 충실한 종복인 모세야말로 가장 먼저 이런 일을 한 사람이며, 그는 이집트인의 모든 지혜를 아주 잘 알고 있었다고 전해진다. 이교도들의 만연한 미신조차 그들이 이교도의 학문을 취하는 것을 결코 막지 못했다. 심지어 그 이교도들이 그리스도의 멍에를 벗어던지려 하며 기독교인을 박해하고 있던 때도 말이다. 만약 이교도들이 그러한 학문이 유일신을 섬기고 그들의 거짓된 우상숭배를 무너뜨리려는 데 사용될 것임을 의심이라도 했더라면……."

공부의 목적

후안 루이스 비베스(Juan Luis Vives, 1493~1540)

후안 루이스 비베스는 스페인 발렌시아 태생의 인문주의자이자 교육이론가이다. 16세기 초 스콜라철학에 강력히 맞서며 인문주의 학문과 교육을 옹호한 대표적 인물 중 한 사람이다. 유대인인 비베스는 어려서부터 유대교를 믿는다는 이유로 부모와 조부모를 포함한 여러 가족들이 스페인 종교재판에 의해 처형당하는 모습을 지켜보아야 했다. 아버지는 1524년에 화형을 당했고, 어머니는 1508년에 흑사병으로 사망했으나 20년 후 유대교 예배당에 몰래 다녔었다는 혐의를 받아 무덤에서 파헤쳐져 공개적으로 유해가 불태워졌다. 비베스는 어머니 사망 후인 1509년에 스페인을 떠나 다시는 돌아가지 않았다.

파리 보베대학에서 공부했으나 발렌시아와 파리에서 배운 극단적인 변증론적 학문 방식에 반감을 느끼고 인문주의를 더욱 지지했다. 에라스무스는 이런 비베스를 인문주의 전파를 위한 믿음직한 동료로서 환영했다. 1519년에는 뢰번대학Old University of Leuven의 인문학 교수로 임명되어 키케로와 플리니우스 등에 관해 강의했고, 에라스무스의 권유로 성 아우구스티누스의 『신국론』De civitate dei에 대한 주해서를 써서 1522년에 출간했다. 곧이어 잉글랜드의 초청을 받아 메리 공주의 가정교사로 일하다가 토마스 모어 경의 추천으로 옥스퍼드의 코퍼스크리스티칼리지에서 학생들을 가르치며 『기독교인 여성의 교육에 관하여』De institutione feminae Christianae(1524)와 『지혜로의 안내』Introductio ad sapientiam(1524)를 집필했다. 그러다 1528년 헨리 8세와 아라곤의 캐서린 왕비의 이혼에 반대하여 6주간 가택연금되었고 풀려난 뒤 벨기에의 브루게로 건너가 집필에 몰두하며 여생을 보냈다.

주요 저술로는 서구 세계에서 최초로 도시 빈민 문제를 다루고 구체적인 사회적 입법을 제안한 『빈민 구제에 관하여』De subventione pauperum(1526), 평화의 가치와 전쟁의 어리석음에 대한 사회비평 『인류의 화합과 불화에 관하여』De concordia et discordia in humano genere(1529), 교육에 관한 논평과 교육제도 개혁에 대한 제안을 담은 백과사전적 논문 모음집이라 할 수 있는『교육에 관하여』De disciplinis(1531), 신체와 영혼의 상호작용, 감정의 분석 등을 담은 초기 심리학 논문인 『영혼과 생명에 관하여』De anima et vita(1538), 비베스의 종교관이 가장 잘 담긴 『기독교 신앙의 진실에 관하여』De veritate fidei Christianae(1543) 등이 있다.

「공부의 목적」은 『교육에 관하여』 중 한 권인 『학문의 전승에 관하여』De tradendis disciplinis의 부록에 수록된 글이다. 비베스는 교육의 도덕적 토대와 참된 교육의 조건에 관심이 많았고, 공부에는 겸손과 신에 대한 감사, 공공의 선에 기여하고자 하는 관대한 정신이 필요하다고 생각했다.

인문학에 관한 고찰을 마쳤으니 이제 인문학으로 교양을 쌓은 사람이 무엇을 해야 하며, 남은 인생 동안 혼자서든 다른 이들과 함께든 자신이 습득한 지식을 어떻게 적용하고 실천하고 전파해야 하는지, 자신과 비슷하게 지식을 갖추고 교육을 받은 동료들에 대해서는 어떤 태도를 취해야 하며 그들이 자신에 대해 가진 의견과 판단을 어떻게 받아들여야 하는지, 또한 후세에 학문을 전승하기 위해서는 스스로 학문에 어떻게 기여해야 하는지를 이야기해 보자.

학문의 세부적 내용을 우리가 앞에서 다룬 순서 그대로 따를 필요는 없다. 이미 뒷부분까지 공부했더라도 앞에서 논의했던 내용을 다시 살펴보는 것이 잘못이라고는 생각하지 않을 것이다. 3부까지 갔더라도 1부를 다시 참고하며 공부할 수 있고, 6부를 공부하면서 3부를 참고할 수도 있다. 모든 공부는 서로 연결되어 있고 그 사이에 특정한 관련성이 있기 때문이다. 어떤 것은 현재 유용하게 쓸 내용이어서 다시 찾아볼 수 있고, 어떤 것은 현재의 노고를 덜어 줄 수 있어서 찾아볼 수도 있다. 학생이라면 언제나 배우고자 하는 바람이 있을 것이고, 자신이 이미 배움의 가장 높은 경지에 도달했다고는 결코 생각하지 않을 것이다. 세네카가 이를 아주 예리하게 말한 바 있다. 자신이 이미 진정한 배움에 도달했다고 확신할 사람은 거의 없으니 진정한 배움에 도달하고자 노력할 사람은 아주 많을 것이라고. 루킬리우스는 무엇이든 모르는 것이 있는 한 사람은 계속 배워야 한다고 말했다. 이 말은 곧 살아 있는 한은 배워야 한다는 뜻이다. 왜냐하면 자연에 속한 모든 주제 가운데 평생을 몰두하지 않고도 알 수 있을 만큼 명백하고 쉬운 것은 하나도 없기 때문이다. 진심으로 배우기를 원하는 사람은 뭔가를 가르쳐 줄 수만 있다면 그 누구에게서든 그 무엇이든 배우는 것을 부끄러워하지 않는다. 사람은 동물들한테서도 많은 것을 배우며 부끄러워하지 않는데, 왜 사람이 다른 사람에게서 배우는 것을 부끄러워하겠는가. 하지만 과도한 노력으로 정신을 파괴할 정도로 공부해서는 안 된다.

특히 건강에도 마땅히 주의를 기울여야 하며, 우리가 보살펴야 하는 사람들의 건강 또한 주의를 기울여야 한다. 배운 자가 자신이 정신과 판단력과 지식에서 다른 사람을 능가한다는 것을 알아차리거나, 혹은 다른 사람들이 자신을 그렇게 탁월하게 간주한다는 걸 알아차린다면, 그때부터 그 배운 자는 주위 사람을 마치 동물처럼 여기며 거만한 마음을 품기 시작하여 믿을 수 없을 만큼 오만해진다. 지식은 인간을 부풀리고 사랑은 인간을 교화한다는 사도 바울의 거룩한 말은 바로 이를 이른다. 지혜를 따르는 사람이라면 스스로 자신에게 눈을 돌리면 그뿐, 자신의 양심이 들려주는 것 외에 다른 어떤 증언도 필요로 하지 않는다. 남들은 그가 알 것이라고 생각해도 사실 자신이 모르는 것이 얼마나 많은지, 얼마나 자주 딴생각에 빠지는지, 얼마나 자주 실수하며 자주 현혹되는지, 진실에서 얼마나 멀리 벗어나는지를 자기 마음속에서 가늠할 수 있을 것이다. 그리스인들이 가장 지혜로운 사람이라고 모두 동의했던 소크라테스조차 그 자신도, 다른 모든 사람도 아는 것이 아무것도 없다고 말했던 데는 그럴만한 충분한 이유와 근거가 있었다. 현인의 이 말은 끊임없이 철학자들의 정신을 사로잡았다. 누구라도 그 문제를 신중하게 제대로 숙고하고 헤아려 본 사람이라면, "우리에게 종교적 의무보다 더 확실히 알 수 있는 것은 없다"는 사실을 깨닫게 될 것이다. "모든 사람이 소유하고 있는 지식의 총량도 모든 사람의 무지의 총량에 비하면 아주 작은 부분에 지나지 않는다"라고 한 테오프라스토스의 말도 지당하다. 그러나 이런 측면을 여기서 더 언급하는 것은 우리의 목적과는 거리가 멀다. 만사를 하나하나 검토하고 엄밀하게 시험한다면, 지식을 자랑하는 저 거창한 명칭들도 보잘것없어지지 않겠는가? 언어란 그저 단어들일 뿐 달리 무엇이겠는가? 라틴어와 그리스어, 스페인어와 프랑스어를 알아도 그속에 담긴 지식을 모두 제거해 버린다면 그런 언어를 안다는 것이 무슨 의미가 있겠는가? 변증술과 수사학은 앎의 수단일 뿐 앎 자체가 아니며, 스승에게 배우는 것보다 저절로 깨우치는 것이 더 낫다.

모든 철학은 개연성에서 나온 견해와 결론에 의존해 왔다. 그러나 이 문제를 자세히 파고드는 것은 여기서 우리가 할 일이 아니다. 일단 그대가 확실하고 확인된 무언가를 알고 있다고 해 두자. 그대가 누려 온 지식의 혜택이 다른 누군가가 그대에게 전해 준 것임을 알지 않는가? 그렇다면 그대의 몸에 걸쳐진 다른 사람의 옷을 두고 그대가 오만한 마음을 품을 이유가 무엇인가? 만약 그대가 좋은 무언가를 가졌다면 그것은 원래 다른 사람의 것이며, 그대가 가진 것이 나쁜 것이라면 그것은 오직 그대 자신의 것이다. 그대가 잘 배웠다면 그것은 신의 선물인 것이고, 만약 그대가 배움을 통해 얻은 모든 영광을 신의 덕으로 돌리지 않는다면 그대는 신을 노하게 할 터이다. 학식 있는 사람이 자신에게 학식이 있음을 인지하고 자신이 다른 사람들보다 더 지혜롭다고 생각하는 것에 대해서는 뭐라고 하지 않겠다. 그런 점을 분명히 모른다면 그는 학식이 있는 것도 지혜로운 것도 아닐 테니 말이다. 그러나 나는 그가 그 지혜를 누구에게서 받았는지 기억하고, 일단 지혜를 받았으면 자신이 소유하게 된 그 지혜를 마치 빌린 물건인 것처럼 오직 신의 것으로 여기기를 바란다. 만약 자신이 다른 사람으로부터 존경받고 있음을 알았다면, 자기만족이라는 위험에 빠지지도 말아야 하고, 다른 사람의 존경을 받으려 눈을 내리깔지도 말아야 하며, 오직 자신의 훌륭함만으로 업적을 이룬 듯 자화자

찬해서도 안 된다. 욥이 말했듯 이는 자신의 손에 입을 맞추는 짓으로 가장 부당하고 무엄하게 신을 부인하는 행동이다.

깊은 학식에는 타고난 역량, 판단력, 기억, 적용이라는 네 가지 요소가 필요하다. 이 중 앞의 세 가지가 어디에서 오는지 생각해 보라. 신이 아니라면 과연 배움이 어디서 온단 말인가? 그러니 학식 있는 사람을 칭송한다면 마지막 요소인 적용에 대해서만 해야 할 것이다. 이 요소는 넷 중 가장 낮고 가장 미미한 것이며, 그조차 무겁거나 둔하지 않고 건강한 신체를 지녔다는 사실에서 대단히 큰 덕을 보고 있다. 그런데 그러한 신체 상태 역시 신의 선물이 아니던가? 그렇다면 학식 있는 사람인 본인에게 어떤 자랑할 거리가 남겠는가? 공부할 의지를 낸 것은 자기 자신이라고 말하겠는가? 신의 선한 의지가 학식 있는 사람에게 허락한 일이 자기에게도 허락된다면 누구나 그러한 의지를 내지 않겠는가? 지혜로운 사람이라면 자신을 향한 찬사가 들려오더라도 스스로 거룩하고 신성한 지혜를 성찰하는 일로 나아가도록 방향을 잡을 것이다. 사도 바울의 말처럼 인간의 모든 지혜를 합쳐도 신이 가진 지혜의 가장 낮은 부분에 비하면 한낱 어리석음에 지나지 않으니 말이다. 사람들이 지혜의 작은 한 방울만 보고도 그렇게 크게 감동한다면, 모든 지혜의 물결이 흘러나오는 영원한 샘 전체를 볼 기회가 주어졌을 때 그들이 어떻게 행동하는지 보아야 한다. 그럴 때 사람들이 겸손한 마음으로 모든 좋은 선물을 주시는 신을 경배하고, 다른 사람들에게 나누어 준 선물보다 더 풍성한 선물을 줄 가치가 있는 존재로 자신을 여겨 주신 것과 당신의 지혜와 조화의 한 부분에나마 자신을 도구로 삼아 주신 신의 의지에 감사할까? 결국 우리는 모두 신의 의지를 실현하는 도구일 뿐이니 말이다. 신의 계획을 실행하는 데 자신이 반드시 필요하다고 여길 만큼 큰 학식이나 실용적 지혜를 가진 이는 아무도 없다. 우선 다른 사람들은 아무리 노력해도 탁월한 결과를 낼 수 없는 무언가에서 자신만 탁월해질 수 있다고 여기는 것이야말로 가장 뻔뻔한 오만함이다. 신이 당신의 계획을 실행하는 데는 인간이라는 수단이 필요하지 않기 때문이다. 그분은 진흙으로도 맹인의 눈을 뜨게 할 수 있는 분이다. "돌을 가지고 아브라함의 아들들을 일으키고, 세상의 약자를 골라 그들로 하여금 강자를 혼내 주셨다."

그러니 만약 그대가 신의 선한 뜻에 따라 그렇게 현명하고 특출한 사람이 되었다면, 신께서 그와 비슷한 축복을 내린 다른 사람들 역시 그대만큼 현명하고 특출해질 것이다.

그러므로 우리에게 모든 것을 주시고 당신이 좋다고 여긴 일을 우리를 통해 행하시는 그분께, 우리는 우리의 배움이 우리에게 유익한 것이기를, 우리가 다른 이의 이익을 위한 도구로만 쓰이고 자기 자신에게는 오히려 해를 초래하는 일이 없도록 해 주시기를 기도해야 한다. 다른 이들은 치료하면서 자기 병은 치료하지 못하는 의사나, 다른 사람들이 전투에 나가도록 독려하기만 할 뿐 자신은 전투에 참가하지 못하는 나팔수나, 남들에게 빛을 비춰 주지만 그러면서 자신은 타서 없어지는 초와 같은 일이 우리에게 일어나지 않도록 말이다. 그러니 우리는 공부를 하려고 할 때마다 토마스 아퀴나스를 비롯한 많은 성인이 그렇게 했듯이 기도부터 하고 공부를 시작하자. 우리의 공부가 건전한 것이기를, 누구에게도 어떤 해도 입히지 않는 것이기를, 그리고 우리가 자신과 공동체 전체의 건전에 이바지할 수 있도록 기도해야 한다.

우리가 살면서 하는 행위들 각각의 목적을 정해 두어야 한다면, 공부에 관해서는 특히 더 목적을 확실히 해 두어야 한다. 그래야 우리의 노고를 어느 방향으로 향하게 할지 정할 수 있다. 공부 외에는 하는 게 아무것도 없을 만큼 항상 공부만 해서는 안 되며, 어떤 원칙의 규율도 없고 어떤 유용한 목적도 없이 무의미한 것에 관한 숙고나 지식에서 얻는 정신적 즐거움에 탐닉해서도 안 된다. 소크라테스는 아직 자기 자신도 잘 모르는 마당에 시나 우화에 쏟을 시간은 없으며, 자기 자신도 모르는 사람이 다른 사람들의 문제를 세밀히 들여다보는 것은 어리석은 일이라고 했다. 또한 공부의 열매를 금전적 보상으로 평가하는 것은 더더욱 어리석은 일이다. 그런 생각을 하는 것은 공부에 관한 진정한 이념과는 너무나도 거리가 먼 천한 품성을 지닌 자들뿐이다. 돈에 대한 욕망이나 불안만큼 학문과 거리가 먼 것도 없기 때문이다. 공부를 하는 사람에게 이런 욕망이 자리를 잡으면 그것은 곧바로 지적인 연구에 대한 열의를 몰아내 버린다. 공부란 그러한 질병에 사로잡히지 않은 자유로운 영혼에만 온전한 신뢰를 갖고 자신을 내맡기기 때문이다. 사람들은 말한다. 먼저 부자가 된 다음에 철학자가 되라고. 아니, 차라리 이렇게 말해야 한다. "먼저 철학을 하고 그런 다음 부자가 되어라." 먼저 부자가 된다면 금세 더 이상 철학을 하느라 부지런을 떨고 싶은 마음은 사라지고 소유한 부富 때문에 불안해지며, 수천 가지 악덕에 이끌리고, 철학에는 무지해져 부의 참된 사용법에도 무지하게 될 터이니 말이다. 그러나 만약 우리가 일단 철학자가 된다면, 그다음에는 필요한 만큼 부유해지는 것이 쉬워질 것이다. 근면하게 철학을 공부하는 사람이 실용적인 지혜를 추구해야 할 당위를 느끼지 않는 경우는 찾아볼 수 없을 것이다. 가난한 사람은 가진 것이 없기 때문에 자신의 궁핍함에 대한 의식을 덜기 위해 철학을 공부해야 한다. 부유한 사람은 가진 것이 있으므로 그 가진 것을 철학적으로 사용하기 위해 철학을 공부해야만 한다. 행복한 사람은 행복을 올바른 길로 돌릴 수 있도록 철학자가 되어야 할 것이고, 불행한 사람은 불행을 좀 더 가볍게 견딜 수 있도록 철학자가 되어야 할 것이다. 말할 것도 없이 온갖 종류의 지식이 판매되고 있지만, 그 지식으로 자신에게 해를 입히기만 하는 이들이 훨씬 더 많다. 그러나 법률이든 의학이든 신학이든 어떤 직업도 단지 이득만을 위해 행해서는 안 된다. 학식 있는 사람은 국가의 정사를 맡겠다고 발 벗고 나서서는 안 되겠지만, 가능한 한 넓은 범위에서 쓸모 있는 역할을 하고 싶다는 열망은 가져야 한다. 소크라테스가 플라톤에게 충고했듯이 사람은 자기 자신만을 위해 태어난 것으로 생각해서는 안 된다. 이 점에 대해서는 "감독의 직분을 맡으려 하는 사람은 선한 일을 행하고자 하는 것이다"라는 사도 디모테오의 말이 있다. 또한 이전에 악한 사람이 차지하고 있던 자리는 선한 사람이 차지하게 해야 한다. 그러나 스스로 앞으로 나서는 사람은 다른 사람에게 선택된 사람만큼 강한 매력과 힘을 갖지 못한다. 만약 추대되었다면 먼저 동료 시민의 정신이 건전하거나 교정할 수 있는지를 엄밀히 살펴야 한다. 그리하여 자신이 어떤 식으로든 쓸모 있는 존재가 될 수 있다는 판단이 서면, 그 노고를 떠맡는 것을 마다해서는 안 된다. 그러나 그 일을 해 봐야 아무 소용도 없고 짜증만 나게 될 일이라면 거절하도록 하라. 플라톤도 자신이 사람들의 정신을 도저히 건전한 상태로 바꿔 놓을 수 없음에 절망하여 그렇게 했다고 전해진다. 군주들은 대체로 정신이 타락해 있고 거대한 자기

행운에 도취해 있어서, 자신을 치유하려는 사람들에게 가혹하고 비정하게 굴기 때문에 어떤 학문과 예술로도 개선할 수 없다. 그런 맹인들과 맹인들을 이끄는 자들은 그냥 내버려 두고 우리의 배려는 더 개선의 여지가 있는 사람들에게로 돌려야 한다. 이들은 마음이 더 열려 있고 자신을 염려하는 사람에 대해 더 잘 반응하기 때문이다. 군주와 일반 백성에게 모두 똑같이 가치를 두었던 그리스도 역시 그렇게 하셨다.

지식과 배움의 영광을 훼손하고 가치를 떨어뜨리는 모든 것 가운데, 누구에게나 그러지만 특히 군주에게 끊임없이 아첨하고, 오래 알았던 사람보다 새로 알게 된 사람에게 더욱 들러붙는 피상적 지식인의 경박만 한 것이 없다. 이런 짓은 진정한 학식을 갖춘 사람이라면 절대 하지 않을 일이다. 사실 대중은 그 차이를 구별하지 못한다. 그들은 어떤 것이든 라틴어로 글을 쓰거나 말하는 사람은 모두 학자라고 생각한다. 그러면서도 그들은 사이비 학자들을 있는 그대로 칭찬하는 것이 아니라, 그들이 보여 준 자질을 칭찬하는 것이라는 얼핏 그럴듯해 보이는 주장으로 자신을 변호한다. 이는 그들의 칭찬에 약간의 '색깔'을 더해 주기는 하지만, 사실 그것은 다른 사람에게는 보이지도 않는 색깔이다. 결국 사람들은 학자를 아첨쟁이라 비난하고 학문이라는 일 자체에 낙인을 찍는다. 마치 악한 군주를 찬미하고 그들을 훌륭한 군주인 것처럼 보이게 한 것이 학문이라는 듯이 말이다. 심지어 군주 본인도 그 타락한 아첨쟁이의 의견에 물들어 그가 묘사하는 바대로 자신이 평가받고 있다고 믿는다. 그러니 날이 갈수록 점점 더 오만해지고 눈 뜨고 봐 줄 수 없는 지경으로까지 치달아 가는 것이다. 그는 군주의 삶을 시작하자마자 그런 삶이 옳다는 확인을 받게 된다. 그렇게 살면서도 많은 칭송을 받기 때문이고, 또한 그런 삶이 학자들의 작품 속에 담겨 후세로 이어져 왔음을 보았기 때문에, 그렇게 사는 것이 변함없이 정해진 일이라고 생각하는 것이다. 만약 학자들이 군주에게 아첨하는 버릇을 들이지 않았더라면 군주는 한편으로는 학문을 더욱 존경했을 것이고, 다른 한편으로는 학자들에게서 칭송받는 것을 무한한 기쁨으로 여겼을 것이다. 그것은 곧 고대 시인의 표현을 빌리면 고귀한 사람에게 칭송받는 일이기 때문이다. 그랬다면 학자의 비판도 훨씬 큰 무게를 지녔을 것이며, 학자의 인정도 가장 양심적인 권위에서 나오는 가장 무거운 증언으로 여겨졌을 것이다. 따라서 다른 누구 못지않게 군주 역시 학자에게 인정받는 일을 자신이 살면서 보인 덕에 대한 가장 큰 보상으로 여겼을 것이다. 그러나 지금 군주들은 그것에 추호의 가치도 두지 않는다. 푼돈 한두 닢, 아니 빵 한 조각으로도 충분히 살 수 있는 인정임을 알기 때문이다. 군주를 칭송하는 것이 정당한 상황에서도 찬사는 다소 인색하게 해야 하고, 마치 그들의 삶이 이미 끝난 것처럼 찬가를 불러 주기보다는 행동에 자극을 주는 훈계를 들려주는 방식으로 해야 한다. 만약 그렇게 해서 좋은 결과를 기대할 수 있는 경우라면 악덕에 대해서도 자유롭게 비판해야 하는데 단, 적개심이나 분노를 초래하지는 않을 정도로만 해야 한다. 만약 그대의 말이 증오만 불러일으키고 있다면 그런 소용없는 일은 삼가는 편이 낫다. 또한 권력자의 잘못을, 아니 사실 그 누구의 잘못이라도 보상이나 어떤 이득을 얻겠다는 기대로 감춰 주는 일을 해서는 안 된다. 이것은 특히 더 수치스러운 일이다. 그런 짓은 그 악한들이 더욱더 뻔뻔스럽게 악행을 이어가는 결과를 낳고, 더욱이 학자들이 그런 행동을 승인까지 해 준 마당이니 다른 사람들까지 용기를 얻어 그자들의 선례를 따르게 된다.

한편 공부에서 돈이 아니라 명예를 얻고자 하는 이들도 있다. 이것이 조금 더 낫다는 것은 나도 인정하지만, 젊은이들이 젊은 한 시절에 그러는 것에 한해서만 그렇다. 그 시기에는 명예를 추구하는 것이 고상한 행위를 하게 추동하는 자극이 될 수 있기 때문이다. 그러나 청년기가 지나서도 이런 동기로 움직인다면 그것은 여러 해악의 토대이자 근원이 된다. 왜냐하면 자신이 지닌 모든 것을 자기 양심의 눈이 아니라 지켜보는 사람들의 시야에 잘 보이도록 전시하고, 그들에게 세상을 함께 살아가는 사람들이 판단할 수 있는 합당한 정도 이상으로 자신의 행동에 대한 판단을 맡기기 때문이다. 그 결과 그는 자신이 움켜쥐고 있던 영광에 대한 희망의 크기만큼 추락한다. 잘못 판단하여 칭찬했던 사람이 나중에 자신의 착오를 깨닫기도 하고, 바르게 판단했던 사람이 나중에 잘못된 기만에 빠지기도 하기 때문이다. 그래도 시간은 무엇이 진실하고 확실한 것인지 확인해 주고, 잘못되었거나 공허한 판단은 무너뜨리고 제거하므로, 잘못된 평가가 바로잡혀 더 견실한 평가로 옮겨가는 경우가 더 많다. 그러니 살아 있는 자들의 공허한 호의와 고상한 척하는 가식으로써 후손들에게서까지 영광을 누릴 거라는 확신은 그 누구도 갖지 말아야 한다. 사람들의 내면에서 들끓던 열정은 얼마 안 가 가라앉고, 그러면 열정이 있던 자리에는 판단이 들어서 결국 더욱 정확한 평가가 나오기 때문이다. 살아생전에는 명예롭게 추앙되다가 사후에는 야비하고 비열하다는 평가를 받는 이들이 많은 것도 그 때문이다. 이렇듯 시간은 거짓된 견해를 무너뜨리는 한편 바른 판단은 더욱 굳건히 다진다. 명성이란 얼마나 불확실하고, 얼마나 붙잡기 힘든 것인가! 불멸의 명성을 다졌다고 믿었다가 살아 있는 동안조차 그 명성을 유지하지 못한 이도 많았다. 예를 들면 문법학자 아피온도 그런 이들 중 한 명이다. 내가 플리니우스의 글에서 알게 된바, 그는 자신이 책에서 다룬 사람들은 불멸성을 부여받은 것이라고 큰소리를 쳤다고 하는데 정작 그가 쓴 책들은 지금 우리에게 한 글자도 전해지지 않는다. 또한 오래도록 명성을 누려 마땅하나 불운하게도 명성을 누리지 못한 이들 역시 얼마나 많은가! 오비디우스의 작품들은 남아 있지만 크리시포스와 크란토르의 작품은 남아 있지 않다. 뱅상 드 보베의 작품들은 온전히 우리에게 전해졌지만, 티투스 리비우스의 작품도, 폴리비오스와 마르쿠스 바로, 심지어 마르쿠스 툴리우스 키케로의 작품들조차 모두 다 전해지지는 않았다. "한 권의 책이 긴 삶을 이어가려면 그 책을 지키는 수호정령이 있어야 한다"는 마르티알리스의 표현이 순전히 얼토당토않은 말은 아닌 것이다. 여기에 우리는 책의 명성이 얼마나 변화무쌍한지도 덧붙여야 한다. 같은 책이 어떤 시대, 어떤 장소에서는 아름답게 보이고 또 다른 시대와 장소에서는 혐오스럽게 보이기도 한다. 찬란했던 발견들이 후손의 능력과 부지런에 가려져 그림자 속에 묻히기도 하고, 이전의 많은 책이 후대에 나온 책들의 거대함에 가려지기도 한다. 마치 주변의 높은 건물들에 가려 어두워지는 것처럼 말이다. 그래도 일단 그대가 명성과 찬사와 영광을 얻었다고 가정해 보자. 그대가 죽음에 이르렀을 때 그것이 그대에게 무슨 소용이겠는가? 올림픽 경기에서 우승한 말이 무슨 일이 벌어지는지 모르고, 우리가 자세히 들여다보며 경탄하는 아펠레스의 그림이 제가 경탄의 대상이 되고 있다는 것을 알 수 없는 것과 똑같이, 그때 그대는 여기서 벌어지는 일들을 하나도 인식할 수 없을 텐데 말이다. 키케로에게, 혹은 아리스토텔레스에게 자기 이름이 누리는 명성이 다 무슨 소용이겠는가? 또한 한때 무공이나 문필로 저명했던 사람이라 하더라도 그러한 영광이 현재의 그들에게 어떤 영향을 미치는가? 그 삶 자체가 유명한 사람들도 공적인 시야에서 벗어났을 때는 그들이 무슨 영광을 느끼겠는가? 그가 잠들어 있을 때 영광이 그에게 어떤 영향을 미치겠는가? 그대가 자신을 칭찬하는 말을 직접 들었다면, 그것은 곧 그대의 면전에서 그대를 칭찬한 사람들이 겉치레 말을 한 것이거나 그대가 면전에서 자기를 칭찬하는 자들의 말을 기꺼이 들으려 했다는 말이다. 그런 경우 예의범절에 어긋나지 않게 할 수 있는 말이 무엇일까? '오, 학식 깊은 분이시여! 오, 청산유수 같으시군요!' (아니, 차라리 '가볍고 텅 빈 마음의 소유자시여!'라고 해야 할까.) 설마 그대도 칭찬이라는 하찮은 보상이 그대의 학문적 노고에 합당한 대가라고 여기는 것인가. 그러나 그대가 사람들의 칭송에 귀 기울이지 않고 자신의 양심을 충실히 따름으로써 신을 섬기기를 바란다면 신께서 그대의 삶을 칭찬할 터이니, 어디에나 존재하는 신이 당신 앞에 선 사람을, 불멸의 신이 필멸의 인간을 칭찬하는 것이야말로 그 얼마나 영원하고 견고한 영광이겠는가. 그분은 언제나 그대를 지켜보시며 어떤 거짓된 판단도 내리지 않고 오직 그대 자신의 증거로써 그대를 판단하실 것이다. 사도 바울도 "인정을 받는 자는 자기를 칭찬하는 자가 아니라, 주께서 칭찬하는 자"라고 하지 않았는가.

학자라면 일시적인 현세 삶의 유한성과 영원한 삶에 관해 자주 성찰해야 하고, 죽음이라는 말만 들어도 공포에 사로잡히지 않도록 자주 깊이 명상함으로써 죽음에 대한 생각에 친숙해져야 한다. 그러면 머지않아 삶이라는 무대와 삶의 위선을 떠날 때 그대가 그 앞에 나가 서야만 하는 궁극의 심판관이, 그대의 행위 하나하나를 보상해 주는 그분이 그대의 마음속으로 들어올 것이다. 그렇게 되면 신에게서 인정을 받는 것이 삶의 유일한 목적이 될 것이다. 피고가 현명한 자라면 재판관 외에 누구를 향해 자신의 죄 없음을 입증하겠는가. 운동선수든 권투선수든 심판을 받아야 하는 모든 사람이 심판관 외에 누구에게 심판을 받겠는가? 그 옛날 그리스의 시인이 자신의 시를 낭송했을 때 모든 사람이 등을 돌리고 떠났어도 그에게는 플라톤 한 사람이 아테네 사람 모두를 더한 것만큼 가치 있는 존재였다. 신의 지혜를 지닌 그리스도 역시 우리에게 그와 같은 존재가 아닌가. "운동선수가 헤라클레스를 흡족하게 했으면 그것으로 위대하다"라는 속담도 있다. 그렇다면 우리에게 신을 기쁘게 하는 것 외에 무슨 할 일이 더 있겠는가? 우리가 신이 기뻐하실 일을 할 때마다 우리는 바로 그분께 칭찬을 받는 것이다. 학식이든 무엇이든 우리가 지닌 것은 신께 선물 받은 것이니 그것을 이 세상을 함께 살아가는 사람들에게, 그러니까 바로 그분의 자녀들에게 제공하는 것만큼 신을 더 기쁘게 하는 일은 없다. 신께서 위대한 선물들을 나누어 주셨으니 그 선물을 받은 이들은 누구나 공동체 전체를 위해 쓰임이 있는 존재가 되어야 한다. 신은 우리가 조건 없이 받은 것을 조건 없이 나눠 주기를 바란다. 그것이 비록 그분이 우리에게 주신 것을 내어놓는 것일지라도 말이다. 신은 우리에게 가장 풍성한 보상을 주신다. 그분이 우리에게 아무 조건 없이 주신 것을 우리가 다른 이들에게 주면 다시 우리에게 가장 풍성한 보상을 주시니, 오, 경이로운 신의 자비로움이여!

그렇다면 이것이야말로 모든 공부의 열매이며, 이

것이 바로 공부의 목적이다. 우리가 지식을 획득했으면 그것이 공공의 선을 위해 유용하게 쓰이도록 해야한다. 그러므로 불멸의 보상은 돈에 있는 것이 아니고, 현재의 혜택이나 쾌락 같은 덧없고 일시적인 것에 있는 것도 아니다. 우리가 돈을 위해 살아가고 가르친다면 바르게 살고 바르게 가르치는 것이라 할 수 있겠는가? 신의 풍성한 선물을 그 하찮고 비루한 보상과 교환하려는 것인가? 그 선물을 영광과 교환하려는 것인가? 만약 내가 그 많은 노고와 수고를 기울이고도 계속 유지할 수도 없는 불확실하고 덧없는 보상을 그렇게 열심히 구하려 노력한다면 나는 그 어떤 노예 상태에도 비할 수 없을 만큼 비참한 존재일 것이다. 나아가 내가 그토록 훌륭하고 성스러운 보상 대신 사람들의 좋은 평가를 얻고자 하고, 불멸의 신이 아닌 필멸의 인간들에게, 지혜 자체가 아니라 바보들에게 칭찬 듣기를 더 바란다면 더더욱 한심한 존재일 것이다. 아, 황금 낚싯바늘을 가지고서 한낱 역겨운 장어만을 잡으려는 것인가!

그러므로 우리는 담대한 확신을 갖고, 모든 갈래의 지식을 신께서 지정하신 쓰임을 위해 공부해야 한다. 다시 말해 항상 공부해야 할 뿐 아니라 우리의 공부를 삶의 실용적인 유용성에 맞추어야 한다. 어떤 공부든 그 자체로 끝이 없지만, 어느 단계에선가는 공부한 것을 다른 사람들의 이익을 위해 써야 한다. 이런 목적을 위해서는 실용적 지혜가 필요하다. 실행은 우리로하여금 여러 주제를 서로 분리하여 숙고하도록 이끌고, 실용적 지혜는 전체적인 상황에 대한 가치평가자이자 심판관의 역할을 한다.

공부와 독서

프랜시스 베이컨(Francis Bacon, 1561~1626)

프랜시스 베이컨은 르네상스에서 근대로 넘어가는 과도기에 감각적 관찰과 귀납적 추론을 바탕으로 한 과학적 방법론을 제시하여 과학혁명에 토대를 마련한 영국의 경험주의 철학자이자 정치가이다. 엘리자베스 여왕의 국새관이었던 니콜라스 베이컨 경의 아들로 태어나 12세가 되던 해에 케임브리지대학 트리니티칼리지에 입학해 3년간 수학했다. 이때 교과과정은 대부분 중세의 커리큘럼을 따라 라틴어로 이루어졌다. 이후 그레이스인Gray's Inn 법학원에서 법학을 공부했고 1584년부터 1617년까지 의회의 일원으로 정계에서 활발한 활동을 펼쳤다. 1603년에는 제임스 1세에게 기사작위를 받았으며 이후 검찰청장을 거쳐 부친이 역임했던 국새관을 지내고 1618년에는 대법관 자리까지 올랐다. 1621년에 세인트 알반 자작의 작위를 받았지만, 같은 해 뇌물수수 혐의를 받고 의회의 탄핵을 받아 정계에서 물러났다. 그간의 명성과 지위를 모두 박탈당한 뒤 여생을 연구와 집필에 몰두했고, 1626년에 육류의 냉동 보관에 관한 실험을 하다가 기관지염에 걸려 사망했다.

베이컨은 당대를 지배하던 아리스토텔레스 철학과 스콜라철학에 반발하며, 과학적 방법론이야말로 인류를 개선할 수 있는 도구라고 믿었고, 1620년에 『신기관』Novum organum scientiarum을 출간하여 새로운 과학적 방법론을 제시하며 철학자로서 명성을 굳혔다. '신기관'이란 '과학(지식)의 새로운 도구'라는 뜻이면서, 아리스토텔레스의 논리학 저술인 『오르가논』에 대해 대안을 제시한다는 도전적 태도도 내포하고 있다. "아는 것이 힘이다"라는 그의 유명한 경구는 『신기관』에 등장하는 "인간의 지식과 힘은 일치한다"Scientia et potentia humana in idem coincidunt라는 문장과 1597년에 쓴 『성스러운 명상: 이단에 관하여』Meditationes sacrae: de haeresibus에 나오는 "그러므로 지식 그 자체가 힘이다"Nam et ipsa scientia potestas est라는 문장에서 유래했다.

그 밖에도 과학에 대한 옹호를 이끌어 내기 위해 쓴 『학문의 진보』Of the Proficience and Advancement of the Learning(1605), 『고대인의 지혜에 관하여』On the Wisdom of the Ancients(1609), 『수상록』Essays(초판 1597, 재판 1612, 삼판 1625), 『새로운 아틀란티스』New Atlantis(1624) 등의 저서가 있다. 베이컨의 저작은 개별적 주제는 다르더라도, 새롭고 체계적인 지식 습득의 방법을 갖추어야 하며 그렇게 습득한 지식이 인류를 이롭게 할 수 있다는 공통적 메시지를 담고 있다.

「공부와 독서」는 1625년에 쓴 글로 『수상록』의 2차 개정증보판(삼판)에 수록되어 있다.

공부와 독서는 사유의 기쁨을 안겨 주고, 유창한 언변의 도구와 일을 더 잘 처리하게 도와주는 밑바탕을 마련해 준다. 공부와 독서가 기쁨을 준다는 것은 무엇보다 홀로 물러나 있는 한가로운 시간에 가장 잘 느낄 수 있으며, 언변의 도구로 쓰이는 때는 친밀한 것이든 진지한 것이든 대화를 나눌 때이며, 일에 도움이 되는 것은 상황에 대한 더욱 정확한 판단과 일처리 방식을 보면 알 수 있다. 물론 일머리가 있는 사람이라면 일을 끝까지 처리할 수 있고 개별적인 사항에 대해 적절한 판단력을 발휘할 수 있겠지만, 전반적인 계획과 방침을 세우며 올바르게 실행하여 잘 마무리하는 것은 역시 학식 있는 사람들이 제일 낫다.

독서와 공부에 시간을 너무 많이 쏟는 것도 허울만 좋은 태만함이고, 말을 꾸미는 데 아무렇게나 공부를 남용하면 그 공부가 오직 꾸미려는 가식에 지나지 않음을 스스로 폭로하는 일이며, 매사를 학문의 원칙에 따라서만 판단하려는 것은 학문이 전부인 줄 아는 행태로, 그렇게 해서는 일을 제대로 해내기가 어렵다.

학문은 타고난 재능을 완벽하게 다듬어 주고, 경험은 학문을 완벽하게 다듬어 준다. 타고난 재능은 자연 상태의 식물과 같아서 학문으로써 경작과 가지치기를 해 주어야 하며, 학문은 경험으로써 경계를 지어 주지 않으면 온갖 방향으로 아무렇게나 뻗어가기 때문이다.

교활한 이는 학문을 멸시하고, 순박한 이는 학문을 우러러보며, 지혜로운 이는 학문을 적절하게 활용한다. 사실 학문 자체는 그 자신의 용도가 무엇인지를 충분히 알려주지 않으며, 오히려 학문에서 비롯되는 지혜란 학문 외부에서 학문을 초월하여 그것을 관찰하고 적용함으로써 얻어지는 것이다.

반박하거나 논쟁에 뛰어들어 싸우려는 의도로 책을 읽지 말라. 또한 모든 내용을 당연한 것으로 받아들이거나, 권위자의 말에 맹종하려는 의도로, 또는 대화에서 자신을 내세우려는 의도로 책을 읽지 말라. 더 깊이 배우고 신중하게 숙고하며 자신의 판단력을 사용하기 위해 책을 읽어라.

가볍게 맛만 보듯 읽기에 적합한 책들이 있고 꿀꺽 삼키듯이 재빨리 훑어보아야 하는 책이 있는가 하면, 아주 소수에 지나지 않지만 계속 곱씹고 낱낱이 소화하는 것이 적절한 책도 있다. 다시 말해서 어떤 책들은 일부만 살펴보면 되고 어떤 책들은 끝까지 읽기는 하되 그 책을 읽는 데 너무 많은 시간을 소비해서는 안 된다. 반면 소수에 지나지 않지만 어떤 책들은 특별히 주의를 집중해 열심히 읽어야 한다. 그 밖에 다른 사람을 통해 대신 읽는 것, 즉 요약된 것만을 읽어도 충분한 책도 적잖이 보게 될 것이다. 그러나 나라면 얄팍한 주제를 다룬 책이나 별로 읽을 가치 없는 저자의 책을 제외하면, 그런 식의 독서는 하지 않을 것이다. 그 외의 경우 책들을 그렇게 '증류'하면 흔히 팔리는 증류수처럼 알맹이가 다 빠져 아무 맛도 없어지기 때문이다.

독서는 풍부한 지식과 훌륭한 가르침으로 보상하고, 토론과 대화는 언제나 쉽게 나서서 말할 수 있도록 준비시켜 주며, 글을 쓰는 일과 읽은 것을 요약해서 기록하는 일은 잘 검토된 내용을 정신 깊숙이 새겨 확고히 자리 잡게 해 준다. 그러므로 글쓰기를 싫어해 게을리하는 사람이라면 기억력이 대단히 좋아야 할 것이고, 토론을 열심히 하지 않는 사람이라면 매우 총명하고 재치 있어야 할 것이며, 독서를 잘 하지 않는 사람이라면 자기가 모르는 것을 아는 것처럼 보이기 위해 무언가 속임수를 쓸 수밖에 없을 것이다.

역사를 읽으면 현명한 사람이 되고, 시를 읽으면 독창적인 사람이 되며, 수학은 정확성을 길러 주고, 자연철학은 깊이 있는 판단력을 키워 주고, 도덕적 가르침은 원칙의 엄중함을 알려주며, 변증술과 수사학은 논쟁에 필요한 투지와 민첩성을 갖춰 준다. "공부가 곧 인격이 된다"라는 오비디우스의 말처럼 말이다.

설령 타고난 지력에 결함이 있더라도 적합한 방식으로 공부하면 교정하거나 제거하지 못할 결함이 없다. 몸에 병이 생기더라도 적합한 운동으로 완화시키지 못할 것이 없는 것과 마찬가지다. 공놀이는 신장에 좋고, 활쏘기는 폐와 흉부에, 가벼운 산책은 복부에, 말타기는 머리에 좋다. 만약 어떤 사람의 정신이 가볍게 스치듯 이리저리 떠돌아다닌다면, 수학, 그중에서도 특히 증명을 열심히 공부해야 하고, 도중에 정신이 조금이라도 산만해진다면 증명이 끝날 때까지 처음부터 다시 시작해 반복해야 한다. 만약 차이를 분간하고 구별해 내는 것을 잘하지 못하는 사람이라면 스콜라철학에 몰두해야 한다. 스콜라주의자들은 겨자씨처럼 작은 것도 더 잘게 쪼개는 이들이니 말이다. 전체를 빠르게 훑어보는 것을 천성적으로 잘하지 못하고, 어떤 것의 증명과 예시에서 다른 것을 도출해 내거나 포착하지 못하는 사람이라면 법률 소송 사례들을 자세히 들여다보게 하라. 이런 식으로 하면 지력의 모든 결함은 그에 적합한 학문의 치료법을 갖게 될 것이다.

독서와 글쓰기, 토론의
중요성에 관하여

새뮤얼 존슨(Samuel Johnson, 1709~1784)

새뮤얼 존슨은 영국의 시인, 극작가, 에세이스트, 비평가, 전기작가, 편집자, 사전편찬가이다. 1709년 영국의 스태퍼드셔 리치필드에서 서적상의 아들로 태어났다. 어려서부터 건강이 좋지 못했고 평생 투렛증후군에 시달렸지만, 신동 소리를 들으며 문학과 언어 분야에서 탁월한 능력을 발휘했다. 옥스퍼드대학의 펨브로크칼리지를 1년 정도 다니다가 가난 때문에 학업을 마치지 못하고 고향으로 돌아가 학교를 열어 학생들을 가르쳤다. 하지만 그 일로도 생계를 유지하기는 어려웠다. 이후 런던으로 옮겨가 『신사의 잡지』Gentleman's Magazine에 다양한 주제의 글을 기고하고 『산책자』Rambler(1750~1752)라는 잡지를 펴냈다. 풍자시 「런던」, 「인간 소망의 헛됨」, 비극 「아이린」 등을 발표하며 마침내 이름을 알렸다.

존슨은 영문학 발전에 지대한 영향을 미쳤다. 학술논문이 여전히 라틴어와 프랑스어로 쓰이고 있던 18세기 초 영국에서는 어휘와 용례를 체계적으로 집대성한 영어 사전의 필요성이 지속적으로 거론되었다. 이때 박학다식과 뛰어난 필력으로 잘 알려진 존슨이 편찬의 적임자로 떠올랐고, 1746년 기계적 작업을 도와줄 조수 6명과 함께 작업에 착수했다. 이후 9년 만인 1755년에 사전 편찬을 완료했다. 42,773개 단어와 114,000여 개의 인용문이 실린 방대한 양의 근대적 영어 사전 『A Dictionary of the English Language』가 완성된 것이다. 이 사전은 150년 후 옥스퍼드영어사전이 나올 때까지 가장 대표적인 영어사전의 지위를 유지했다. 당시 프랑스어 사전은 40명의 학자가 55년간 편찬에 매달려 출간했다고 하니, 존슨의 사전에 대한 "한 사람이 이뤄낸 가장 위대한 문학적 성취"라는 평가가 헛말이

아님을 알 수 있다. 이 일로 '닥터 존슨'이라는 별명을 얻었고, 1755년 옥스퍼드대학은 이 업적을 기려 그에게 문학석사 학위를 수여했다. 뒤이어 1765년에는 트리니티칼리지 더블린이, 1775년에는 옥스퍼드대학이 명예박사학위를 수여했다. 이후 1756년부터 1765년까지는 엉뚱한 갖가지 판본으로 떠돌던 셰익스피어의 작품들을 해설을 곁들여 직접 편집하여 존슨판『셰익스피어 전집』The Plays of William Shakespeare을 내놓았다. 그 밖에 유명한 작품으로 풍자소설『라셀라스』The History of Rasselas, Prince of Abissinia, 후에 그의 전기를 쓴 제임스 보즈웰과 함께 한 여행을 담은『스코틀랜드 서쪽 섬 여행기』A Journey to the Western Islands of Scotland, 17~18세기 시인 52명의 전기와 비평을 모은『가장 유명한 영국 시인들의 삶』Lives of the Most Eminent English Poets 등이 있다.

여기 실린 글은 잡지『어드벤처러』에 기고한 글로, 베이컨의「공부와 독서」를 인용하며 독서와 글쓰기, 토론의 중요성에 대해 이야기한다. 그가 베이컨에 대해 한 말을 그대로 되돌려, 글쓰기와 박학으로 유명한 존슨이 "제시한 올바른 공부의 방향도 분명 숙고해 볼 가치가 있을" 것이다.

프랜시스 베이컨은 "독서는 꽉 찬 사람으로, 토론은 잘 준비된 사람으로, 글쓰기는 정확한 사람으로 만들어 준다"＊라고 말했다.

베이컨은 다른 사람들은 범접하지 못할 지식의 수준에 도달한 사람이니, 그가 제시한 올바른 공부의 방향은 분명 숙고해 볼 가치가 있을 것이다. 어떤 분야에서 이론의 여지없는 성공을 거둔 사람만큼 그 분야를 가르치는 데 큰 권위를 가진 이가 있겠는가.

그래서 나는 그렇게 위대한 인물의 이름을 보호막 삼아, 독서의 필요성과 다른 사람의 의견을 구하는 일의 적절성, 그리고 현시대에는 무시당하고 있지만

＊ 존슨이 인용한 영역 문장을 번역한 것으로 베이컨이 쓴 라틴어 원문은 다음과 같다.
Lectio copiosum reddit, et bene instructum; disputatio-nes et colloquia promptum et facilem; scriptio autem et notarum collectio perlecta in animo imprimit et altius figit.(독서는 풍부한 지식과 훌륭한 가르침으로 보상하고, 토론과 대화는 언제나 쉽게 나서서 말할 수 있도록 준비시켜 주며, 글을 쓰는 일과 읽은 것을 요약해서 기록하는 일은 잘 검토된 내용을 정신 깊숙이 새겨 확고히 자리 잡게 해 준다.)

그들의 시대에―그리고 그중 다수는 이후로도 오랫동안―그들을 무시하던 자들은 결코 도달하지 못할 수준의 지식과 예리함으로 높은 명성을 누렸던 이들의 감정과 견해를 숙고해 보는 일의 적절성에 관해 나의 재간 많은 동시대인에게 분명히 알리고자 한다.

어째서 그렇게 된 것인지는 나도 알 수 없으나, 근래에 어떤 견해가 사람들 사이에 널리 퍼져 있다. 듣자 하니 도서관은 쓸모없는 잡동사니로 가득하다 하고, 다재다능한 사람은 아무 도움 없이도 뭐든 혼자서 능히 할 수 있다고 하며, 책만 골똘히 들여다보며 인생을 보내는 것은 편견을 흡수하고 본성의 힘을 가로막고 모욕하는 일, 판단력을 희생시키며 기억력만 기르는 일, 어설픈 학습의 혼란 속에 이성을 파묻어 버리는 일이라고 한다.

이런 말을 하는 사람 중 다수는 스스로 자신이 지혜롭다고 생각하는 이들이며, 일부는 다른 사람에게서 지혜롭다는 말을 듣는 이들이다. 그중에는 자신의 주장을 정말로 믿는 사람도 있을지 모르지만, 일부는 다수 속에 숨어 자신의 무지를 감추려 하는 거라고, 자신으로서는 도저히 그 반열에 드는 건 희망해 볼 수도 없는 명성을 무너뜨리고 싶어 하는 거라고 의심해도 그리 부당하지 않을 것이다. 배운 사람들이 배움을 욕하는 일은 결코 없을 거라고 나는 믿는다. 그리고 자신이 모르는 것을 감히 비난하는 사람에게 어떤 칭찬을 할 수 있겠는가?

만약 이성을 옹호하는 사람들이 주장하는 힘이 정말로 이성에 존재한다면, 그러니까 주의를 기울이고 숙고하는 것만으로 정말 그렇게 많은 것을 알아낼 수 있다면, 우리와 똑같이 자연이 준 풍성한 선물을 공유하고 있는 수백만의 사람이 기나긴 세월 동안 숙고하고도 허사였다는 사실은 어떻게 받아들여야 하는가. 우리는 현시대의 정신적 능력이 후손들에게 존경받을 거라 기대하지 않는가. 그런데 그 후손들은 현재 사람들의 주장에 따르면 가르침보다 더 우월한 것이라고 하는 이성을 물려받게 될 터인데, 그렇다면 그들도 분명 이전 세대의 이성에서 가르침을 받는 것이 아닌가. 그러니 만약 어떤 저자가 앞선 사람들의 글에서 아무것도 배울 수 없었다고 선언한다면, 그리고 그런 선언을 한 것이 근래의 일이라면, 그는 오직 인류의 위대한 지성을 고려할 때 도저히 용서할 수 없을 정도의 오만 때문에, 자신의 성과에 대한 편견을 스스로 조장하고 있음을 인식하지 못하는 것이다. 지금까지 더욱 위대한 능력자들이 실패한 일을 그는 도대체 어떤 성공의 희망을 품고 시도하겠다는 말인가? 그보다 앞선 불굴의 능력자들을 지금까지 물러나게 했던 난관 앞에서 자신은 어떤 기이한 기운에 힘입어 강력한 힘을 발휘할 수 있다고 생각하는 것인가?

인간의 지식을 불리는 데 기여하도록 신의 섭리로부터 자격을 부여받은 사람의 수는 극히 적다. 그리고 그 뛰어난 이들조차 각자 한 사람의 정신이 추가할 수 있는 지식의 양은 아주 적다. 사람들은 그들이 지닌 모든 지식을, 그리고 인류 전체로 보면 더욱 큰 범위의 지식을 다른 이들이 제공한 정보에 빚지고 있다. 유명한 저자의 작품을 이해하고, 그들의 체계를 파악하며, 그들의 논리를 기억하는 것은 평범한 수준 이상의 지성이 요구되는 일이다. 그러니 획득한 지식을 자신의 정신 속에 보유하고, 여유 시간이 부족하거나 능력이 더 모자란 다른 사람을 위해 그 지식을 자세히 설명해 줄 수 있는 사람은 절대 쓸모없거나 빈둥대는 사람이라고 할 수 없다.

페르시우스는 어떤 사람이 지식을 지니고 있더라도 다른 사람에게 그 사실이 알려지지 않았다면 그 지식은 없는 것과 다름없다고 올바르게 지적했다. 그런 지식은 그 학자 자신에게는 명예의 관점에서도 이득의 관점에서도 아무것도 아닌바, 세상의 눈에 보이지 않는 것들에 대해서는 세상이 보상해 줄 수 없기 때문이다. 또한 다른 사람에게도 그 지식은 무지나 착오에 대해 어떤 도움도 주지 않으므로 존재하지 않는 것과 다름없다.

그러니 정당한 감정뿐 아니라 그 감정을 표현하는 능력까지 갖춘 호라티우스는 완성된 인격을 지녔다고 말해도 무리는 아닐 것이다. 또한 일단 배움을 축적한 사람이 그다음 수순으로 할 일은 그 배움을 어떻게 해야 널리 전파하고 사람들이 가장 잘 받아들일 수 있도록 전달할지 고민하는 것이다.

잘 준비된 사람으로 만들어 주는 것은 토론이라고 했다. 알렉산더 포프의 표현처럼 '학식의 먼지가 흩뿌려진' 책에만 파묻혀, 끝없이 계속되는 연구와 혼자만의 사색으로 밤낮을 흘려보내는 사람은 그가 쌓은 지혜의 양만큼 사람들 앞에서 말하는 능력은 잃어버릴 공산이 크다. 그리고 그가 세상에 나오면 마치 자신이 휘두르지도 못하는 무기로 잔뜩 무장한 사람처럼, 너무 많은 생각에 짓눌려 있는 것처럼 보이기 십상이다. 그는 자신의 사유를 남들에게 전달할 능력도, 대화 중의 우발적인 상황에 따르는 다양한 수준의 지성에 자신을 맞출 능력도 없으므로, 그가 하는 말은 이해할 수도 없고 재미도 없다.

언젠가 나는 자신이 가르치는 학문에 학식이 아주 깊은 어느 철학자의 강연을 들었는데, 그는 '오파쿰' opacum과 '펠루치둠'pellucidum이라는 용어를 설명해야 할 상황이 되자 잠시 주저하더니 'opacum'은 '불투명한'opaque이라고 할 수 있고, 'pellucidum'은 '투명한'pellucid을 뜻한다고 말했다. 학식은 깊으나 아는 거라곤 책 읽는 것뿐인 그 철학자는 청중에게 학문의 복잡한 내용을 이해시킬 수완이 그 정도밖에 안 되었던 것이다. 그러니 사람이 안다고 해서 아는 것을 가르칠 수 있는 건 아니라는 말은 참으로 맞는 말이다.

네덜란드의 의학자 헤르만 부르하버는 자기 이전의 저술가들이 화학에 관해 쓴 글은 대부분의 학생에게 아무 쓸모도 없다고 말했다. 그 저자들은 여간해서 찾기 어려운 수준의 높은 능력을 가진 이들을 자기 책의 독자로 상정했기 때문이다. 어떤 주제의 학문이든 혼자서 그 학문을 익힌 사람은 모두 이와 같은 오류에 빠지기 쉽다. 그들은 다른 모든 사람도 자신과 똑같은 탐구를 해 온 것처럼 생각하고 말하며, 짧은 힌트와 모호한 암시만으로도 자신의 내면에서 일어난 것과 똑같은 사유의 흐름을 다른 사람들도 만들어 낼 수 있을 거라고 기대한다.

학자가 은둔해 산 탓에 처하게 되는 불편함은 이것만이 아니다. 자신에게 만족스럽게 느껴지는 의견을 만났을 때는 열렬히 그 의견을 따라가고, 자신의 확신에 걸맞은 주장만을 찾으려 하며, 토론 같은 귀찮은 일은 하지도 않고, 거의 아무 증거가 없는데도 그 견해를 덥석 믿어 버리고, 오랫동안 아무 의심 없이 그 생각에 탐닉하니, 결국 시간이 지나면서 그 견해는 그가 지닌 전체 지식의 한 부분이 되고, 논쟁의 여지가 없는 진리의 위치를 차지하게 된다. 그러나 이 학자가 다른 원칙을 기반으로 다른 결론에 이른 사람들, 각자 다양한 상황에 처한 결과 동일한 대상에 대해서도 서로 다른 측면을 보는 사람들의 세계로 들어오게 되면 자신이 소중히 여기는 견해가 공격받고 있으며 이에 대해 자신이 전혀 방어할 수 없는 상태라는 걸 깨닫게 된다. 언제나 한 줄기의 생각만을 따라온 그는, 한 사람만을 상대로 펜싱 시합을 해 왔던 펜싱 선수처럼 적수가 새로운 자세로 공격을 해 오면 깜짝 놀라 당황하는 것이다. 갑작스러운 반론이라는 예상하지 못한 난관에 부딪혀 괴로워하지만 해결책도, 대답할 말도 준비되어 있지 않다. 당황한 탓에 생각은 산만하게 흩어지고 타고난 추론능력도 발휘하지 못해 상대방에게 쉬운 승리를 안겨 주며 그의 자만심만 만족시킨다.

사람은 자신이 거의 직관적으로 진실이라고 파악한 것들이 다른 사람에 의해 완강히 부인될 수도 있다고는 잘 생각하지 못한다. 너무나 명백한 명제조차 그 명제의 새로움에 두려움을 느끼거나 어쩌다 갖게 된 편견으로 그 명제에 강경한 반대 의견을 갖게 된 사람들에게 이해되고 받아들여지려면 얼마나 큰 노력이 필요한지도 상상하기 어려울 것이다. 또한 이런 즉흥적인 논쟁 속에서 아둔한 사람이 교묘해지고, 예리한 사람이 어리석어지는 일이 얼마나 자주 벌어지는지, 우둔이 그 자신의 어둠 속에 빠져 얼마나 자주 논쟁의 진의를 비껴가는지, 그리고 착오에 빠진 창의력이 이성으로도 풀어낼 길 없는 교묘한 오류를 얼마나 자주 엮어 내는지도 말이다.

이러한 대립 상황에서는 깊은 학식도 은둔자에게 별 도움을 주지 못한다. 하나의 입장을 다양한 형식으로 바꿔 볼 수 있는 힘은 오랜 습관과 빈번한 실험에서만 나온다. 서로 다른 여러 관점에서 그 입장을 제시하고, 그것을 이미 알려지고 받아들여진 진리와 연결하며, 잘 이해될 수 있는 주장들로 그 입장을 보강하고, 적절한 비유를 들어 설명해야 한다. 그러니 홀로 지식을 쌓은 사람이라면 사람들과 어울림으로써 그 지식을 적용하는 법을 배워야 한다.

다양한 대화의 기회는 한편으로 우리가 모든 주장의 방식과 감정을 전달하는 온갖 기법을 시도해 보게 하지만, 거기서 우리는 엄밀히 말하면 그 자체로 정당화할 수 없는 방법을 사용하려는 미혹에도 종종 빠진다. 말을 하다 흥분하여 꼭 논쟁에서 이기려 하는 사람은 상대의 실수나 무지를 이용하거나, 자신에게 그럴 권리가 없는 것을 알면서도 집요하게 상대의 인정을 요구하거나, 어떤 증거가 사실은 근거가 없음을 알면서도 그것으로 상대방을 설복할 수 있을 것 같다 싶으면 뻔뻔하게 밀어붙인다. 이리하여 이성의 엄격함은 느슨해지고, 많은 주제가 올바르게 배열되지도, 구별되지도 않은 채 축적되기만 한다. 그렇게 우리는 상대방을 침묵시킬 수 있는 논리들로 자기만족을 추구하게 되고, 그런 다음에는 승리와 박수로 우리의 허영을 충족시켰던 그 담화를 면밀히 검토해 보아야 한다는 생각도 하지 않는다.

그러니 부정확과 혼란이 박식함과 재능의 가치를 깎아내리지 않도록 주의해야 한다. 생각을 글로써 확실히 기록해 두고 그것을 자주 검증하고 검토하는 것이 자기 정신의 궤변을 감지해 내고 틀린 생각으로 다른 사람을 공격하지 않도록 경계하는 가장 좋은 방법이다. 대화할 때 우리는 자연스럽게 자기의 생각을 퍼뜨리고, 글을 쓸 때는 생각을 모은다. 글쓰기의 탁월함은 체계성이며, 대화의 장점은 자유로움이다.

그러므로 학자가 해야 하는 일은 적합한 비율로 독서와 글쓰기와 토론을 하는 것이다. 이 모든 일을 할 수 있는 기회가 동등하게 주어지는 일은 그리 많지 않으므로, 탁월함은 쉽게 얻어지지 않는다. 그리고 대부분의 사람은 여기서 제안하는 세 가지 목표 중 무언가에는 실패한다. 예컨대 꽉 찼으되 표현할 준비가 잘 되어 있지 않거나, 표현할 준비는 잘 되어 있으나 정확성이 부족한 경우가 생긴다. 누구나 인간이니 어느 정도의 부족은 이해할 수 있다. 그리고 세상의 더 넓은 부분에서는 비난하기보다는 그냥 넘겨야 할 것이 더 많다. 아무도 스스로 자신에게 능력을 부여할 수 없고, 자연으로부터 부여받은 자질을 향상하기에 적합한 상황을 선택할 수 있는 사람 또한 극히 소수이기 때문이다. 그렇다고 해도, 비록 우리가 결코 도달할 수 없음을 안다고 해도, 언제나 완벽을 지향해 완벽을 향해 나아가는 것이 타당할 것이다.

공부의 적합한 순서와
우리 시대의 공부법

잠바티스타 비코(Giambattista Vico, 1668~1744)

잠바티스타 비코는 이탈리아의 인문주의자이자 철학자, 역사가 이다. 이탈리아의 낙후된 도시 나폴리에서 작은 서점 주인의 아들로 태어나 평생 나폴리에 살았다. 아버지의 권유로 어려서부터 고전을 많이 읽었고, 문법학교에 다니던 중 낙상으로 몇 년 동안 학교에 가지 못하게 되어 내내 독학으로 공부했다. 나폴리대학에서 법학을 공부한 뒤 법학 교수가 되고자 지원했지만 임용되지 못하고 40년 이상 수사학 교수로 재직했다. 법학 교수의 봉급의 6분의 1밖에 되지 않는 수사학 교수의 봉급을 받으며 쪼들리는 생활을 하면서도 집필에 몰두하여 1725년에 필생의 역작인 『새로운 학문』Scienza Nuova을 출간했다. 또한 형이상학, 철학, 수사학, 문헌학, 법학 논문들과 자서전, 시집 등도 출간했다. 그러나 빼어난 독창성과 탁월함에도 그 가치를 알아보는 세상을 만나지 못한 탓에 가난한 무명의 학자로 생을 마감해야 했다. 그러다 19세기 낭만주의 시대에 『새로운 학문』의 독일어와 프랑스어 번역본이 나오면서 유럽 각지에 널리 알려지게 되었으며, 오늘날까지도 철학과 역사학, 미학, 문학비평, 문화이론, 해석학, 심리학, 법학, 경제학, 정치학 등 다양한 분야에서 영향을 미치고 있다. 이처럼 비코는 당대에는 그리 두각을 나타내지 못했지만, 계몽주의를 필두로 이후의 철학과 인문학의 중심적 흐름을 예견한 대단히 독창적이고 선구적인 사상가로 평가받는다.

저서로 『개강연설문집』Le orazioni inaugurali(1699-1707), 『우리 시대의 공부법에 관하여』De nostri temporis studiorum ratione(1709), 『라틴어 원전에서 찾아낸 이탈리아의 가장 오래된 지혜』 De antiquissima Italorum sapientia ex linguae latinae originibus eruenda(1710), 『자유로운 형이상학자』Liber metaphysicus(1710), 『새로운 학문』 제1권(1725), 『잠바티스타 비코 자서전』Vita di Giambattista Vico scritta da se medesimo(1728), 『새로운 학문』 제2권(1730), 『영웅적 정신』De mente heroica(1732), 『새로운 학문』 제3권(1744) 등이 있다.

비코가 평생에 걸쳐 다듬어 간 교육관의 시초는 그가 1699년부터 1707년까지 나폴리대학의 수사학 교수로서 여섯 차례에 걸쳐 행한 개강 연설에 담겨 있다(수사학은 본래 연설의 기술을 뜻한다). 이 연설들은 비코가 신학적 틀 안에서 글을 썼지만 그의 뿌리가 그리스와 로마, 르네상스 인문주의에 있음을 잘 보여 주며, 역사·해석·언어·상상력·창의성 등 후에 『새로운 과학』에서 더욱 완전한 형태로 개진할 주요 주제들도 볼 수 있다. 여기에는 1707년의 여섯 번째 연설 '공부의 적합한 순서에 관하여'를 실었다. 둘째로 실은 글은 비코의 첫 철학 저작이라 할 수 있는 『우리 시대의 공부법에 관하여』 중 6장 '우리의 목적에 비추어 우리 시대의 공부법이 지닌 불리한 점들'의 일부이다. 『우리 시대의 공부법』은 당대를 지배하던 데카르트적 세계관에서 나온 지식의 구획화에 반대하고, 인간이 창조한 것, 즉 인간의 사회와 문화와 역사야말로 인간이 탐구해야 할 대상임을 밝히며 인문학 교육의 본질과 가치를 논한다.

공부의 적합한 순서에 관하여

1

학문 교육을 받아야 하는 청소년의 상황은 확실히 난처해 보입니다. 그들의 부모가 본인들은 그러한 지식을 지니고 있지도 않고 그런 지식을 지닌 사람에게 문의해 보지도 않았으면서, 또한 자식의 선천적 기질이 어떠한지 타고난 재능이 무엇인지 알아보지도 않은 채, 자신들의 욕망이나 가족의 필요를 충족시키려고 대개는 자식의 성향에 맞지도 않는 이러저러한 학문을 공부하라고 강요하기 때문이지요. 혹 타고난 성향이 학문에 잘 맞는다고 하더라도, 관련된 공부로 적절한 준비도 하지 않은 채 그 공부로 떠밀려 들어가는 경우도 많습니다.

그 학문을 닦기 위한 필수적인 공부를 하지 않은

상태이니 아무리 열심히 노력해도 공부에 전혀 진전이 없거나 지지부진하고 그러다 보니 너무 힘들어 "눈물이 흐르는 비참한 지경"에 처합니다. 이는 사실 부모가 잘못한 탓이지만 학생들은 자신의 기질을 탓하며 학문적 성취를 이루리라는 희망을 모조리 다 놓아 버리기도 하지요. 그 학생들이 부모와 같은 목표를 가졌는지 여부와는 별개로 일단 학식을 쌓는 데 성공했다면, 이제 부모는 집안의 명예를 위해 자식에게 법학을 공부하도록 강요합니다. 그러나 소심하고 수줍은 천성을 지닌 학생들은 의뢰인에게 별로 신경 쓰지도 않고, 고위 공직이나 공적인 책임에도 별 관심이 없습니다. 큰 경제적 이득을 바라는 부모는 아들들을 의술의 길로 밀어 넣는데, 그러면서도 염원은 더 높은 곳에 있어서 국가의 여러 관직을 차지한 가장 존경받는 신사들을 부러운 눈으로 바라봅니다. 이런 이유로 자식들은 거부감을 느끼면서도 아버지에 대한 예의 때문에 마지못해 그 공부를 계속해 나갈 뿐 진지하거나 열정적으로 학문을 닦지는 않습니다. 그리고 자식의 의무라는 구속에서 해방되는 첫 기회가 생기면 곧바로 공부를 완전히 내던지고 남은 생을 빈둥거리거나, 심지어 일부는 부도덕한 짓을 하며 인생을 허비합니다. 만약 용감한 남자답게 자신이 들어선 길을 끝까지 가려 하는 사람이 있다면, 그는 자신의 타고난 성향에 완전히 어긋나는 부모의 어리석은 압박 아래에서 아무것도 체계적으로 배우지 못했을 것이기에, 가족이 생겼거나 공적인 책임이 생겼을지도 모르는 곤란한 연령대에 이르러 똑같은 내용을 스스로 다시 배워야 하는 입장에 처합니다. 이 과정에서 여러 가지 만만치 않은 난관에 부딪히므로 이런 사람 대부분에게는 더 제대로 된 교육을 받지 못한 것에 대한 씁쓸한 갈망만이 남아 있습니다.

2

그동안 나는 이런 불편, 아니 심지어 불행이라고 할 수도 있는 사태에 대해 자주 생각해 보았습니다. 그러면서 사람이 아무것도 모르고 선택의 기준조차 갖추지 못한 나이에 자기 평생의 직업을 선택해야만 하도록 만든 자연을 탓해 왔지요. 그 이유를 곰곰이 따져보는 동안 나는 모든 악의 시초와 근원이 아담과 최초의 타락이라고 생각하게 되었습니다. 하지만 이를 더 깊이 생각해 보고는 그런 내 생각이 부당하다는 것을 알게 되었습니다. 사실 우리가 우리 자신의 타락한 인간 본성에 대해 깊이 숙고한다면, 우리가 갈고닦아야 할 공부가 무엇인지뿐 아니라 어떤 순서와 경로를 따라 그 공부에 접근해야 하는지도 명확히 드러난다는 것을 깨닫게 되기 때문이지요. 이 두 가지가 지금 우리가 살 펴볼 가장 중요한 주제입니다.

3

만약 내가 사람들에게 각자 자기 내면을 잘 살펴 자신의 인간 본성을 깊이 성찰해 보라고 한다면, 그들 은 자신이 사실상 마음과 영혼, 언어능력 외에 아무것 도 아니라는 것을 알게 될 것입니다. 자신의 신체와 신 체기능들을 따져보면 그것은 동물의 것이거나 동물과 공통된 것이라는 판단을 내리게 되겠지요. 이로부터 그는 인간이 철저하게 타락한 존재라는 것을, 처음에 는 언어의 미흡 때문에, 그다음에는 어수선한 의견들 이 들어찬 정신 때문에, 마지막으로는 악덕에 오염된 영혼 때문에 타락하게 된 존재라는 것을 깨닫습니다. 이렇게 된 것은 신이 최초의 아비인 아담의 죄에 내린 벌로, 아담의 후손인 인류가 서로 나뉘고 산산이 흩어져 사방으로 퍼져 나갔기 때문이지요. 신은 불경한 니므롯에 대한 벌로 수많은 종류의 언어를 도입해 온 세상에 그 언어들을 퍼뜨림으로써 나라들이 서로 분리되도록 하였으니 말입니다. 또한 모든 언어에 변화를 가져오는 시간의 힘을 빌려 각 나라 안에서도 아버지들의 언어를 그 자손들이 알아듣지 못하도록 했습니다. 게다가 격정은 각 개인의 성향에 따라, 단지 진실과 유사해 보일 뿐인 의견들을 진실 그 자체라고 주장하게 만들었습니다. 그리하여 각자에게 자신의 의견이 생겨, 흔히 말하듯 머릿수만큼 많은 의견이 존재하게 되었지요. 마지막으로 악덕의 비열은 그 정도가 너무 지독한 탓에 악한 자들은 자신의 악덕을 직시하지 않으려 갖은 노력을 기울입니다. 그러면서도 남의 악함은 대놓고 혐오하는데, 사람들은 유독 자신 안에 있는 것과 똑같은 악덕을 다른 사람에게서 집어내 비난합니다. 탐욕적인 자가 탐욕적인 자를 거부하고, 부당한 자가 또 다른 부당한 자에게 부당한 대접을 받았다며 불평하는 것이지요. 그러나 신은 인간들의 어떠한 사회도 악덕 위에 세워지는 것을 원하지 않습니다.

4

그보다 더 중요한 문제는, 신이 최초 부모의 잘못 때문에 인류를 흩어 놓았던 것과 똑같은 벌을 각 개인에게도 내렸다는 것입니다. 그 때문에 인간의 언어는 거의 모든 상황에서 미흡한 것이 되었고, 그 결과 마음은 자신을 표현하려 해도 언어에서 도움을 얻지 못합니다. 말은 어설프고 세련되지 못한 탓에 적합하지 않은 단어들로 마음이 뜻하는 바를 변질시키죠. 불분명한 단어를 씀으로써 말은 마음을 배반하고, 우리가 말한 바는 애매모호한 단어들로 오해되고, 단어 자체도 서로 뒤엉키며 넘어집니다. 게다가 이러한 언어의 결함에 우리 마음의 결함까지 더해지지요. 우둔은 끊임없이 마음을 붙들고 있고, 사물의 거짓된 이미지는 마음에 장난을 걸고 걸핏하면 마음을 기만합니다. 경솔한 판단은 마음을 성급한 결론으로 이끌고 허술한 논리는 마음을 장악해서 결국 이러한 혼돈은 마음을 당황스럽고 어리둥절한 상태로 만들지요. 하지만 해협의 파도보다 더욱 거칠게 요동치는 격정에 마구 휘저어진 영혼의 결점들에 비하겠습니까! 영혼은 욕망으로 타오르고 두려움에 벌벌 떱니다! 쾌락 속에서 흩어지고 고통 속에서 나약하게 굴복합니다! 모든 것을 욕망하지만 어떤 선택에서도 기쁨을 찾지 못합니다. 한때 못마땅하던 것이 이제는 좋고, 한때 좋았던 것이 이제는 못마땅합니다. 영혼은 항상 자신을 불만족스러워하고 항상 자신에게서 달아나지만 그러면서도 자기 자신을 찾고자 하지요. 나아가 영혼을 스스로 괴롭히는 원흉인 자기애는 이 사악한 병폐와 고문을 이용합니다. 사람들이 모여 있는 것은 사회처럼 보일지도 모르지만, 기본적인 인간의 본성은 원죄로 변질되었으므로 많은 몸이 모여 있는 곳이야말로 사실은 정신적 고립이 가장 심각한 곳입니다. 그런 곳에서 영혼은 각자에게 배당된 감방 안에서 위에서 말한 형벌을 견디고 있는 북적이는 감옥의 수감자 같다고 할 수 있습니다.

5

나는 타락한 인간 본성에 대한 형벌로 미흡한 언어, 의견에 사로잡힌 정신, 격정에 휘둘리는 영혼을 꼽았습니다. 그러니 그에 대한 구제책은 유창함과 지식과 덕이겠지요. 학문과 지혜는 이 세 가지 점을 감싸는 하나의 구球와도 같습니다. 모든 지혜는 가장 탁월한 이 세 가지, 즉 품격 있게 말하는 것, 확실히 아는 것, 바르게 행동하는 것 안에 들어 있습니다. 자신의 착오에 대해 부끄러워할 일도, 악한 행동에 대해 뉘우칠 일도, 예의범절에 어긋나는 말을 한 것에 대해 후회할 일도 없는 사람은 진정한 사람이라고 할 수 있겠지요. 테렌티우스의 희곡[1]에서 "나 역시 인류의 한 사람이니, 사람의 일에 대해 모른 척할 수 없다"고 말하는 크레메스가 바로 그런 사람의 예라고 할 수 있습니다. 크레메스는 이익을 바라거나 그럴 필요가 있거나 빚진 것이 있어서가 아니라 단지 이웃의 마음에서, 자학하며 자신을 벌하고 있는 메네데무스(여기서 어리석은 자의 역할을 맡고 있는)에게 왜 그런 일을 하고 있는지 묻습니다. "울지 마시게! 자네가 무엇 때문에 그리 괴로워하는지 나에게 말해 주게. 숨기지 말고! 두려워 말고!" 그리고 이렇게 약속하지요. "나를 믿으시게! 위로를 하든 충고를 하든 어떻게 해서든 자네를 돕겠네!"

6

지혜의 의무는 바로 이 세 가지입니다. 유창한 말로써 어리석은 자의 성급함을 다스리는 것, 신중함으로써 그들을 오류로부터 이끌어 내는 것, 덕으로써 그들에게 선의를 베푸는 것이지요. 그리고 오늘날에는 여기에 더해 각자 자신의 능력에 따라 열심히 인간 사회를 발전시키는 것입니다. 이런 일을 하는 사람들은 실로 인류의 나머지 사람보다 훨씬 높은 곳에 자리하고 있으며, 이렇게 말해도 된다면 신에 비해서도 아주 조금 아래에 있을 뿐입니다. 그런 사람들에게는 꾸며진 것도 일시적인 것도 아닌, 견고하고 진실한 영광이 따릅니다. 다른 사람들은 범접할 수 없을 만큼 위대한 가치의 바탕에서 나온 명성은 널리 알려지기 마련이지요. 현명한 시인들이 리라로 야생의 동물을 길들인 오르페우스와, 리라 선율에 돌들이 스스로 움직여 테베의 성벽을 쌓게 한 암피온의 우화를 지어낸 것도 바로 이와 같은 이유에서였지요. 이러한 위업으로 오르페우스의 리라와 암피온의 돌고래는 하늘로 던져져 지금 별들 사이에서 그 모습을 볼 수 있습니다.[2] 그 돌과 나무판자, 동물 들은 어리석은 존재들이며, 오르페우스와 암피온은 자신의 유창함으로써 신들의 지혜와 인간의 현명함을 결합하고, 고립되어 있던 사람들을 통합으로, 다시 말해 자기애에서 인간의 공동체로, 나태함에서 목적에 맞는 활동으로, 억제되지 않은 방종에서 법률의 준수로 이끌어 냈으며 동등한 권리를 부여함으로써 제약 없이 힘을 쓰던 사람과 약한 사람을 하나로 결속시킨 현자들을 상징합니다.

7

이것이 언제나 공부의 가장 진실하고 위대하며 탁월한 목적입니다. 이런 목적을 추구하겠다고 다짐하는 것이 아니라 오히려 거짓된 것, 저열한 것, 비굴한 것에 마음이 움직이는 이도 많은데, 그런 것에 마음이 움직인 사람들은 당연히 공부에도 거짓되고 저열하고 비굴한 태도로 접근합니다. 여기서 그런 사람들에 관해 이야기할 수도 있겠지만 명예를 생각해서 언급은 하지 않겠습니다. 그래도 이 주제에 대해 짤막하게라도 여러분에게 내 견해를 밝혀야 한다고 생각합니다. 이렇게 공부에서 지혜를 추구하지 않는 사람들, 다시 말해서 자신의 인격을 도야하며, 자신의 정신에 진리를, 영혼에 덕을, 말에 유창함을 불어넣어 한 사람의 인간으로서 견실해지고, 가능한 한 인간 사회에 도움을 주는 존재가 되는 것을 학문하는 목적으로 삼지 않는 사

람들은 자신이 그 공부로써 공언하는 바와 다른 존재
가 되는 경우가 많습니다. 그런 사람은 자신이 전문적
으로 공부하는 바로 그 학문의 필수적인 내용에 관해
서도 아무 말 못 하는 경우가 많습니다. 또 바로 그 학
문을 질색하고, 등한시하고, 왜곡하는 일도 많지요. 그
러나 지혜로써 자신의 왜곡된 성격을 교정하고자 노력
하는 사람이라면 자신이 교육받은 학문의 모든 방법
에 따라, 언제나 열성과 진지함을 갖고서, 언제나 그 학
문의 고유한 목적에 맞도록 행동합니다. 또한 오직 진
리 자체와 인류의 행복만을 위해 학문을 하는 사람들
이 있는 공동체라면 그 시민들과 국가가 얼마나 번영
할 것인지, 이 점에 대해서는 여러분이 직접 생각해 보
시기 바랍니다.

8

인류의 타락에 대한 고찰을 통해 우리가 인간이
일구어 온 모든 학문 영역에 정진해야 한다는 것을 알
게 되었으니, 이제는 그러한 고찰로부터 어떤 순서로
그 학문들을 공부해야 하는지 알아봅시다. 여러분이
더 쉽게 이해할 수 있도록, 먼저 지혜를 구성하는 것이

무엇이며 지혜에 이르는 수단은 무엇인지 설명하겠습니다.

9

지혜란 신성한 것에 관한 지식, 인간사에 대한 현명한 판단 그리고 참되고 적절한 말로 이루어집니다. 그러나 진리와 효과적인 언어의 원칙을 아는 것보다 먼저 필요한 것은 문법적으로 정확한 말을 하는 것이지요. 그다음이 신성한 것에 관한 지식인데, 여기서 내가 말하는 신성한 것이란 첫째로 자연이 곧 신神인 사람들에게 신성한 것으로서 자연적인 것이라 불리는 것이며, 둘째로 신이 곧 자연인 사람들에게 신성한 것으로서 말 그대로 신성한 것입니다. 자연적인 것 중에는 이미 사람들에게 완전히 받아들여진 것, 그러니까 수학으로써 증명된 기하학적 도형과 수가 있고, 또한 학식 높은 학자들이 여전히 빈번히 논쟁 중이며 자연학의 탐구 대상인 자연현상의 원인이 있습니다. 나는 자연학에 인체의 구조에 관한 학문인 해부학과 병의 원인을 탐구하는, 병든 인체에 관한 자연학이라고 부를 수 있는 분야도 포함시킵니다. 병을 치료하는 방법을 제공하는 학문이야말로 말 그대로 의학이라고 부를 수 있으며, 자연학과 해부학의 통합에서 나오는 보람된 결실이지요. 역학力學이 자연학과 수학의 통합을 실용적으로 응용한 것이듯 말입니다. 한편 신성한 것이란 인간의 정신과 신을 가리킵니다. 형이상학은 지혜에 기여하기 위해 인간의 정신과 신을 공부하는 반면, 신학은 종교에 기여하기 위해 그 둘을 공부하지요. 이런 학문들로써 자연적인 것과 신성한 것 둘 모두에 관한 지식이 완성됩니다.

인간사에 대해 현명한 판단을 내리기 위한 필요조건은 각자가 한 인간으로서, 그리고 한 시민으로서 자신의 의무를 수행하는 것입니다. 도덕적 가르침은 덕이 있는 사람으로 만들고, 시민적 가르침은 현명한 시민으로 만들며, 이 둘을 우리의 종교에 맞추면 도덕 신학이라 불리는 신학의 한 형태가 됩니다. 이 세 가르침이 모여 하나로 결합되면 법학이 되지요. 실제로 법학은 거의 전적으로 도덕적 가르침과 시민적 가르침, 그리고 도덕 신학으로 구성됩니다. 하나의 과학이나 인문학이 아니라 옳음에 관한 앎인 도덕적 가르침은 정의를 목표로 하며, 시민적 가르침은 공공에 이로운 것에 관한 가르침이며, 도덕 신학은 우리가 기독교 국가의 틀 안에서 해석하는 옳음이기 때문입니다. 신성한 것과 인간적인 것에 관해서는 학자들끼리 논쟁을 하기도 하고 평범한 사람 사이에서 대화를 나누기도 하는데, 전자의 경우에는 진리를 논해야 하고 후자의 경우에는 호소력 있는 말을 사용해야 합니다. 말을 할 때 논리는 진리를 목적이자 목표로 삼는 반면, 수사학은 운율에 얽매이지 않고도 호소력 있게 말하는 방법을 가르치고, 시학은 호소력 있는 운문을 짓는 것이 목적이지요.

10

이제 여러분이 알아야 할 것은 내가 지금까지 언급한 학문 거의 대부분이 그 자체의 기록된 역사를 가지고 있다는 점, 각자의 방법론들이기도 한 일반원칙들을 제시한다는 점, 그리고 역사가 구체적인 예들로써 그 원칙들을 증명한다는 점입니다. 각 언어마다 훌륭한 저자들이 그 언어의 역사를 써나갑니다. 그들은 이런저런 민족이 어떤 언어를 썼는지 알려주는 가장 좋은 예들을 남겨 주었으며, 가장 유명한 웅변가들과 시인들은 웅변과 시 예술의 모범이지요. 자연현상에 관해서도 계속 역사가 쓰여 왔고 지금도 계속 쓰이고 있습니다. 그러면 질병에 관한 관찰과 기록, 사람들이 구체적인 약품 명칭으로 부르는 특정한 약들의 고안은 어떨까요? 그것들은 자연학과 의술에 대한 주석들이 아니겠습니까? 그리고 역학은 전쟁과 항해, 건축의 새로운 발명의 역사를 쓰고 있는 것이라고 할 수 있겠지요? 신이 계시한 믿음의 원칙들을 전하는 교리와 도덕신학, 그리고 한 시대에서 다음 시대로 전해진 관습의 규칙 또한 역사라고 불러도 틀리지 않을 것입니다. 실제로 신학자들 역시 대체로 성서를 역사에 포함시킵니다. 기독교의 전통 역시 기독교의 교리와 가르침의 중단 없는 연속이 아닙니까? 주석, 연대기, 유명한 인물의 삶과 공적인 사건에 관한 기록 역시 도덕적 가르침과 시민적 가르침의 고유한 일부분이니, '역사'라는 가장 적절한 용어로 부르는 것이 마땅할 것입니다. 법학의 역사에는 국가 내에서 이런 저런 시기에 선포된 법률과 그 법률에 대한 법학자의 해석과 판례가 당연히 포함되지요. 반면 수학은 구체적 예를 필요로 하지 않으므로 수학은 역사를 초월해 있습니다. 논리 역시 다른 것들로부터 예를 가져다 쓰며, 예가 없을 때는 스스로 만들어 내기 때문에 역사를 벗어나 있지요. 특히 형이상학은 자연에서 가장 순수하고 단순한 대상인 인간의 정신과 신만을 다루므로 더욱더 역사와는 무관합니다.

11

나는 모든 공부를 소수의 내부자만을 위한 폐쇄적인 공부와 개방적인 공부로 나누었던 그리스인의 분류를 빌려왔는데, 다만 나는 그 구분에 대해 그들과는 다른 방식으로 이해합니다. 요컨대 폐쇄적 가르침이란 스승에게서 직접 배워야만 쉽게 습득할 수 있는 것으로서, 학문을 공부하는 방법과 원칙에 대한 공부가 이에 해당하며, 개방적 가르침이란 각자 스스로 배울 수 있는 것으로서, 학문의 기록된 역사에서 파생된 것에 대한 공부라고 봅니다.

12

이렇게 모든 학문 전체가 우리가 접근할 수 있도록 세상에 그 존재가 드러나 있으니, 우리는 우리 자신의 타락한 본성을 안내자로 삼아 그 학문들을 배워 지혜를 얻을 수 있습니다. 확실히 아동기는 이성은 취약하지만 기억력은 매우 강력한 시기입니다. 사실 아이들이 세 살만 되면 일상생활에 필요한 모든 단어와 표현을 이미 알고 있는데, 다 담아내려면 아주 두꺼운 사전이 필요한 정도의 양입니다. 배우는 데 언어만큼 이성이 적게 필요하고 기억력이 많이 필요한 것도 없지요. 실제로 언어는 '말하기의 규칙과 표준을 결정한' 사람들 사이의 동의와 사용을 기반으로 한 것입니다.

그러니 언어를 배우는 데 아동기보다 더 나은 시기는 없습니다. 여기서 여러분은 어떤 언어가 전념하여 배울 만한 가장 좋은 언어인지 물을 것입니다. 이 역시 우리 자신의 타락한 본성에 관한 인식에서 답을 찾을 수 있지요. 앞에서 나는 인간 사회를 갈기갈기 흩어놓은 언어의 조잡함과 다양함과 모호함을 우리에게 내려진 구체적 형벌로 꼽았습니다. 이러한 결함들은 언어를 가르침으로써 교정해야 하는데, 언어를 통해 인간 사회가 다시 화합할 수 있도록 가능한 한 세련되고 명료하며 많은 사람이 널리 쓰기에 적합한 언어여야 합니다. 이런 언어에는 두 가지가 있으니 바로 그리스어와 라틴어이지요. 둘 다 명료한 언어이지만, 더욱 세련된 언어는 그리스어이고, 오늘날 더욱 널리 쓰이는 언어는 라틴어입니다. 그러므로 젊은이들은 이 두 언어를 열심히 공부해야 하고, 나아가 기독교 신학의 가장 중요한 도구인 성서의 의미를 더 잘 이해할 수 있도록 성서의 언어에도 통달해 두면 도움이 될 것입니다.

13

유년기를 지나면 인간의 정신, 즉 이성은 물질에 매몰된 수렁 같은 단계에서 벗어나기 시작합니다. 앞에서 나는 의견들이 원죄 때문에 정신에 가해진 형벌이라고 말했지요. 따라서 타락한 본성은 이 어린 시기에 지녔던 의견들을 넘어서야만 한다고 느낍니다. 그러나 청년기에는 공상이 가장 강렬한 시기이기도 하지요. 젊은 시절에 우리가 곧잘 만들어 내는 머나먼 지역과 도시에 관한 의견들은 아주 깊이 새겨져서 세월이 지나도 머릿속에서 완전히 지워지지 않고 다른 의견으로 대체하기도 어렵다는 것이 그 한 증거입니다. 공상보다 더 이성에 해로운 것은 없지요. 이성보다 공상을 더 우세하게 사용하는 사람은 격렬하고 혼란한 감정에 더 많이 시달립니다. 공상의 이런 성격을 감안하여, 우리는 병을 치료하기 위하여 위험한 독을 적절한 용량으로 사용하는 의사를 흉내 낼 필요가 있습니다. 즉, 이성이 강해지려면 공상을 줄여야 하는 것이지요. 따라서 청소년은 수학을 열심히 공부해야 합니다. 수학은 여전히 이미지들을 구축하는 능력에서 많은 도움을 받는 학문입니다. 예를 들어 증명하고 참인 결론에 도달하려면 아주 긴 공식과 숫자를 머릿속에 그리고 있어야 하는 경우가 많지요. 이렇게 부피도 실체도 없는 점들과 선들에 대해 생각하고 있을 때 인간의 정신은 절로 정화됩니다. 이렇게 함으로써 젊은이들은 사람들 사이에서 합의된 참으로부터 또 다른 참을 이끌어 내는 일에 익숙해지고, 그럼으로써 논쟁이 가장 많이 벌어지는 자연학에서도 비슷한 방법을 사용할 줄 알게 됩니다.

점점 나이가 들고 수학에 익숙해질수록 인간의 정신은 점진적으로 몸에서 해방되어 이성적으로 행동할 수 있게 됩니다. 또한 감각으로써 인지한 것을 바탕으로, 역시 물질적인 것인데도 감각으로써는 인지되지 않는 것까지 추론할 수 있게 되지요. 이렇게 우리는 수학에서 출발하여, 감각으로 인지되지 않는 물질들과 그 형태와 운동, 자연현상의 원리와 원인을 고찰하는 자연학으로 나아갑니다. 탁하고 둔하던 정신은 수학과 자연학을 통해 점차 정화되어 무형의 실체들까지 고찰할 수 있는 단계로 나아가고, 오염되지 않고 순수한 지성으로써 정신 자신을 인식하게 되며, 그러한 정신을 통해 전능한 신도 인식하게 됩니다. 수학에서 이미 알려진 사실을 거치고, 자연학의 아직 완전히 알려지지 않은 것을 거쳐, 진실한 것, 확실한 것, 모든 탐구된 것을 밝혀내는 형이상학으로 나아가는 것이지요. 그리하여 여러분이 형이상학에 도달하고, 참과 거짓과 참도 거짓도 아닌 것을 판단하는 원칙들을 습득했다면, 그 시점에서 가장 적합한 공부는 바로 설명을 위한 담화의 기술을 익히는 것입니다. 또한 자연을 통해 드러나는 전능한 신을 알게 되었으니, 이제 우리의 종교가 가르치는 신에 관한 지식에 도달하려는 노력을 기울이고 기독교 신학에 전념할 수 있는 때이기도 하지요.

14

신성한 것들에 관한 완벽한 지식을 쌓으면 그 뒤

를 이어 인간사에 관한 현명한 판단력도 생깁니다. 이러한 가르침의 순서를 정할 때 우리는 배의 항로를 계획하는 선장을 본받아, 그들이 하늘의 북극성을 비롯한 별들을 관찰하여 바다의 안전한 항로에서 이탈하지 않고 배를 항구까지 무사히 몰고 가듯이, 우리는 신성한 것과 인간의 정신과 신에 관한 고찰을 통해 얻은 지식을 그들이 작은곰별자리를 살피듯이 참고하여 의견의 모래무지와 불확실의 여울과 오류의 암초를 신중하게 피하며 삶의 여정을 안전하게 이끌어 가야 합니다. 좋은 것처럼 보이지만 나쁜 것도 많고, 반대로 나쁜 것처럼 보여도 좋은 것도 많습니다. 그 차이를 현명하게 분간하지 못하는 사람들은 육체의 쾌락만을 추구하며, 일과 가난과 성실하게 살다 가는 죽음은 싫어하지요. 그럼으로써 그들은 자신의 악덕으로 스스로 해를 입을 뿐 아니라 사회까지 타락시킵니다. 이런 이유로, 타락한 인간 본성은 행복을 바라는 마음을 불러오고, 따라서 지혜를 바라게 됩니다. 그러니 행복을 가져다주는 원천으로서 지혜를 구하겠다는 목적에 맞춰 공부의 순서를 정하지 않은 사람은 언어의 벌과 정신의 벌에서는 벗어날지 몰라도 영혼의 벌에서는 벗어나지 못합니다. 높은 학식을 지니고 있으면서도 야망에 이끌려 학식이 주는 덧없는 영광을 차지하려 애태우고 자신보다 더 학식 있는 사람을 보면 질투심에 불타오르는 사람들이 있습니다. 그러다 보니 이들은 지혜를 얻는 수단인 공부를 자신의 목표로 삼게 되지요. 내가 앞에서 말했듯이 배움의 진정한 기능은 정신을 진리에 익숙하게 만들어 그 진리를 누릴 수 있게 하는 것입니다. 사람은 진리를 원하므로 진리에 익숙해지면 선을 더 쉽게 행할 수 있고, 선을 행하는 습관이 들면 다른 무엇보다 삶을 살아가면서 모든 좋은 일을, 다시 말해 덕과 정신의 선행을 선택하게 되며, 이를 통해 정신의 신성함을 함양하게 되고 바로 그러한 정신을 통해 신께 닿게 되는 것입니다. 따라서 신성한 것들에 대한 지식을 깊이 흡수한 사람은 인간사에 대해서도 신중한 분별력을 갖게 되지요. 먼저 인간을 형성하는 도덕을 배우고, 이어서 시민을 형성하는 시민적 가르침을 배움으로써 그렇게 됩니다. 이러한 측면에서 전문 지식을 갖추게 되면 도덕 신학도 쉽게 공부할 수 있게 되고, 그럼으로써 여러분은 훗날 군주의 조언자로서 그들이 공적인 일을 지휘하고 관리하는 데 가장 지혜로운 충고를 해 줄 수 있게 됩니다. 결과적으로 여러분은 가장 편리한 방식으로 법학을 배우게 되는 것입니다. 법학이란 대부분이 도덕적, 시민적 가르침과 기독교인의 교리와 관습에서 파생된 것이니까요.

마지막으로, 여러분은 지혜를 주는 이러한 가르침을 공부함으로써 각자가 인간 사회에서 공을 세울 수 있고, 이는 여러분 자신이나 일부 소수에게게만이 아니라 최대한 많은 사람에게 도움이 될 수 있습니다. 그러기 위해서는 이 공부 외에 유창하게 말하는 기술도 공부해야 합니다.

이렇게 지혜를 갈고닦는 모든 공부를 다 하느라, 학식 있는 스승들에게서 가르침을 받느라, 그사이 세월이 다 흘러가 버릴 거라는 두려움은 갖지 마십시오. 물론 여러분이 올바른 가르침 없이, 또는 목적에 부합하지 않는 방식으로 또는 부적절한 순서로 지혜를 닦으려 한다면 분명히 공부만 하다가 세월을 다 보내 버릴 겁니다. 파비우스 퀸틸리아누스는 이를 "지름길로 가려다가 시간을 낭비하는 일"이라고 참으로 적절히 표현했지요. 더 예리하게 '서둘러 앞으로 돌진한답시고 제자리걸음을 하는 것'이라고 말해도 틀리지 않을 겁니다. 그런데 어째서 서두르는 사람이 누구보다 많은 장애물에 부딪히는 것일까요? 제대로 된 공부의 순서를 모르는 사람은 마치 미궁에 갇힌 것처럼 우왕좌왕하고 앞으로 나아가지 못하기 때문입니다. 가장 짧은 길은 곧바른 길이며, 정해진 순서를 알고 있으면 가장 짧은 기간 안에 대부분을 완료할 수 있다는 이점이 있습니다. 본질에 의해 하나로 연결되어 있고, 내가 앞에서 설명한 순서대로 배열되어 있는 이 공부를 사람들은 괜한 기벽으로 갈래를 나눠 뒤죽박죽으로 만들어 놓았고 그 탓에 종류가 아주 다양한 것처럼 보이지만 사실 똑같은 하나를 여러 다른 관점에서 인식한 것일 뿐입니다. 우리는 앞에서 학문과 지혜의 모든 원칙은 폐쇄적 가르침이니 스승에게서 배워야 한다고 했는데, 그 원칙은 다른 학문에서 온 외래의 것을 거기에 추가하지만 않는다면 모두 아주 짧은 것들입니다. (나머지 모든 것을 올바른 순서에 따라 가르쳤다면 그 무엇이든 추가로 끌어들일 필요는 없지요.) 학문의 역사는 개방적 가르침이라고 했으니 그것은 여러분 각자가 스스로 배우는 것도 가능합니다.

15

크나큰 희망으로 가득한 젊은 그대들에게 내가 들려주고 싶은 충고는 공부의 목적과 방법을 찾아 그것을 따르라는 것입니다. 충실의 관점에서 찾는다면 가장 고결한 목적과 방법을 찾을 것이요, 유용의 관점에서 찾는다면 가장 효율적인 목적과 방법을, 쉬움의 관점에서 찾는다면 가장 편리한 목적과 방법을 찾게 될 것입니다. 오늘 내가 이런 충고를 한 것을 후회하지는 않습니다. 내 비록 지혜로운 사람은 아닐지라도, 줄곧 지혜로운 분들을 따라 살아왔기 때문이지요. 그분들의 행동이 항상 자신이 할 수 있는 바를 따른 것이었다면, 내가 들려준 충고는 내 타락한 본성에 대한 인식이 내게 권고했던 것입니다. 오늘 내가 이런 연설을 한 것은, 내 직업의 고유한 목적에 따라, 또한 인간 사회에 봉사하는 사람이라는 내 역할에 따라, 내가 여러분을 위해 가장 진지하고 성실하게 할 수 있는 일이기 때문입니다.

우리 시대의 공부법에 관하여
— 우리의 목적에 비추어 우리 시대의 공부 방법이 지닌 불리한 점들

우리 공부 방법의 가장 큰 결점은 자연과학은 과도할 정도로 열심히 공부하면서 도덕은 그리 열심히 공부하지 않는다는 점이다. 그중 가장 큰 실책은 윤리학 중에서 인간 마음의 본성과 격정, 그리고 이 요인들을 공적인 삶과 유창한 화술에 맞춰 조절하는 방식을 다루는 부분을 등한시하는 것, 또한 덕과 악의 고유한 특징, 선행과 악행의 양식들, 다양한 연령과 성별, 지위, 재산, 민족, 국가에 따른 전형적 특징 그리고 모든 기술 가운데 가장 어렵다고 할 수 있는 품위의 기술을 다루는 부분을 등한시하는 것이다. 그 결과 가장 범위가 넓고 가장 가치 있는 학문인 공동체에 관한 가르침은 거의 돌보지 않은 채 버려 두고 있다.

오늘날 지성이 추구하는 유일한 목표는 사실이고, 자연현상은 확실한 사실처럼 보이기 때문에 사람들은 자연현상을 탐구하는 데 모든 노력을 기울인다. 반면 인간 본성은 인간의 자의적인 결정에 따라 바뀔 수 있는 것이라며 확정적이지 않다는 이유로 탐구하지 않는다. 이렇듯 자연과학에 치우쳐 있는 교육 때문에 심각한 결함이 한 가지 생겨난다. 우리 젊은이들이 공동체의 삶에 참여하여 충분히 지혜롭고 현명하게 처신하지 못하며, 자신이 하는 말에 인간의 마음에 대한 깊이 있는 이해를 담아내지도 열정을 불어넣지도 못하는 것이다. 공적인 삶 속에서 현명히 처신하려면 인간사가 우연과 선택에 지배된다는 점을 염두에 두어야 한다. 그러한 우연과 선택은 대단히 불확실하며, 상당히 거짓된 일들인 가장과 위장에서 큰 영향을 받는다. 추상적 진리만을 추구하는 사람들은 그 수단을 구하는 일에서도 어려움을 겪지만 목적을 이루는 데는 더욱 큰 어려움을 겪는다. 이렇듯 자신의 계획이 좌절되는 경험을 하고, 다른 사람의 계획을 보고 착각에 빠지면서, 노력 자체를 포기해 버리는 사람들도 종종 나온다. 공동체의 삶을 위해서는 개별적 사건과 그 사건이 일어난 상황을 고려해 판단해야 하는데, 그중 많은 상황은 외부적이거나 자신과 무관한 것이고, 일부는 잘못 꼬인 상황일 수도 있으며 심지어 자신의 목적에 불리한 상황도 있을 수 있다. 그러므로 인간의 삶에 일어나는 일들은 추상적 옳음이라는 융통성 없는 기준으로 판단할 수 없으며, 기준에 억지로 맞추기보다 유연하게 적용해야 한다.

추상적 지식과 현명함의 차이는 다음과 같다. 과학에서 빼어난 지성이란 다수의 자연현상에서 하나의 원인을 추론해 낼 수 있는 것인 반면, 현명함의 영역에서 탁월함이란 하나의 결과에 대해 그것을 끌어냈을 만한 원인을 최대한 많이 찾아낼 수 있고, 또한 그중 진짜 원인이 무엇인지 추측할 수 있는 것이다. 추상적 지식, 즉 과학은 가장 높은 진리를 추구하고, 지혜는 가장 낮은 진리를 관찰한다. 사람은 어리석은 사람, 배우지는 못했으나 예리한 사람, 배우기는 했으나 현명하지 못한 사람 그리고 지혜로운 사람으로 구분할 수 있다. 살아가면서 어리석은 사람은 높은 것이든 낮은 것이든 어떤 진리에도 관심이 없고, 배우지 못했으나 예리한 사람은 가장 낮은 진리는 알아차리지만 가장 높은 진리는 보지 못하며, 배웠으나 현명하지 못한 사람은 가장 높은 것에서 가장 낮은 것을 끌어내며, 지혜로운 사람은 가장 낮은 것에서 가장 높은 진리를 끌어낸다. 보편적이고 근원적인 진리는 영원히 변하지 않으며, 개별적이고 구체적인 것은 때때로 진리에서 거짓으로 바뀌기도 한다. 영원한 진리는 자연을 초월하여 존재하며, 자연 속에 있는 모든 것은 불안정하며 가변적이다. 그러나 선함과 진리 사이에는 어떤 일치가 존재한다. 이 둘은 동일한 본질, 동일한 특징을 나눠 갖고 있다. 어리석은 이는 보편적 진리와 개별적 진리 둘 다에 무지하므로 항상 자신의 무분별에 대한 벌을 즉각적으로 받는다. 배우지 못했으나 예리한 사람은 개별적 진리는 파악할 수 있지만 보편적 진리는 생각할 수 없으므로, 오늘 유용했던 기지가 내일은 해로워지는 상황에 처하기도 한다. 배웠지만 지혜롭지 못한 사람은 보편적 진리에서 곧바로 개별적 진리로 넘어가려다 고통스러운 삶의 경로를 통과하게 된다. 그러나 지혜로운 사람은 인간 행위와 사건들의 모든 모호함과 불확실에도 불구하고 영원한 진리에 시선을 굳건히 고정하고 있으며, 곧이곧대로 나아갈 수 없을 때는 언제나 우회로로 갈 수 있다. 또한 그 과정에서 행위에 대한 결정들을 내리는데, 시간이 지나면서 그 결정들은 자연이 허락하는 한 가장 유용한 결정이었던 것으로 드러난다.

따라서 현명한 처신에 대해 과학의 영역에서 얻어낸 추론의 추상적 기준을 적용하는 것은 잘못이다. 어리석은 사람들뿐 아니라 대부분의 사람은 미리 세운 계획이 아니라 욕망이나 우연의 지배를 받는다. 이론에 얽매이는 자들은 인간의 행위를 실상 그대로, 다시 말해 그때그때 닥치는 대로 행하는 것이 아니라 당위적으로 행해야 하는 바를 기준으로 판단한다. 이들은 상식은 키우지 못했고 개연성을 따르는 습관도 들이지 못했으며 오직 진리만을 고집하는 탓에, 일반 사람도 자신과 같은 의견을 갖고 있는지, 자신에게 진리인 것이 다른 사람에게도 진리인지는 알아보려고도 하지 않는다. 이렇게 남들의 의견에 관심을 기울이지 않는 일은 그들이 비난받는 원인이었을 뿐 아니라 지독히 해로운 일이기도 했다. 이는 사적인 개인뿐 아니라 유명한 지도자와 위대한 통치자도 피해 갈 수 없는 일이었다. 아주 적절한 예가 하나 있다. 프랑스 왕 앙리 3세는

삼부회 회기 중에, 프랑스 귀족 중 아주 인기가 높았고 안전통행권의 보호까지 받고 있던 앙리 드 기즈 공작을 죽이라는 명령을 내렸다. 왕의 이 명령에는 정당한 대의가 있었지만 누구나 그 사실을 알고 있었던 것은 아니다. 로마에서 이 사건이 거론되자 공적인 사안에 뛰어난 판단력을 지닌 루도비코 마드루초 추기경은 이렇게 말했다. "통치자들은 그 행위가 진실하고 정의에 부합해야 할 뿐 아니라, 항상 진실하고 정의롭게 보이기도 해야 한다." 그 사건 직후 프랑스를 집어삼킨 재앙은 마드루초의 그 말이 옳았음을 증명했다.

정치적인 사건에 관한 한 대단한 전문가였던 로마인들은 겉으로 보이는 모습에 각별히 주의를 기울였다. 재판관들과 원로원 의원들은 자신의 의견을 말할 때도 항상 "그런 것 같다"라고 말하는 버릇이 있었다. 정리해 보자면 이와 같다. 그리스인들이 가장 큰 지혜를 지닌 사람들인 철학자를 '정치적인 사람'πολιτικός(po-liticos)이라고 부른 것은 그들이 공적인 일 전반에 대해서도 가장 잘 알았기 때문이다. 그 후로 철학자들은 소요학파라고도 불렸고 아테네에서 그들이 공부하던 곳인 아카데메이아의 이름을 따 아카데미코스라고도 불렸다. 고대인들은 이성적 가르침과 자연에 대한 가르침, 도덕적 가르침은 그러한 가르침을 인간의 행동을 규율하는 실용적이고 상식적인 가르침에 적용할 줄 알던 철학자들에게 맡겼다.

그러나 오늘날 우리는 소크라테스 이전 시대처럼 자연학만을 연구하던 때로 되돌아간 것 같다. 한때 위의 세 가지 가르침으로 이루어진 철학이 유창함을 키우는 데 적합한 방식으로 전승되던 시대가 있었다. 리케이온*의 산물인 고대 그리스의 웅변가 데모스테네스와 아카데메이아의 산물인 키케로는 의심의 여지 없이 가장 찬란한 언어를 구사하는 사람들이었다. 오늘날 철학적 이론을 가르치는 방식은, 설득력 있고 풍부하며 예리하고 화려하고 명료하며 폭넓고 주제에 적절한 형식을 갖추었으며 듣는 이의 마음을 움직일 수 있는 열정적인 연설의 샘을 모조리 말려 버리는 방식이다. 그 때문에 듣는 이들의 마음은 아래 극劇의 젊은 처자가 느끼는 것처럼 바싹 죄어지는 느낌을 받는다.

어머니들은 우리의 처자들이 가녀리게 보여야

---

* 고대 아테네의 숲속에 있던 공공모임 장소이자 아리스토 텔레스와 제자들이 모여 공부하던 장소. 이들은 리케이온 숲속을 산책하듯 거닐면서(περιπατεῖν: peripatein) 강의하고 토론하던 방식 때문에 소요학파(peripatetic school)라고 불린다.

한다며,

어깨를 오그리게 하고 가슴을 싸매게 하네.

살집이 좀 있으면 권투선수라 부르며 먹을 것도 줄여 버리지.

튼실한 체격을 타고났다면 가녀린 몸매로 줄도록 치료도 해 준다네.

— 테렌티우스,『환관』Eunuchus 2막 3장 23~26절

여기서 어떤 많이 배운 양반은 내가 우리의 젊은 학생들에게 철학자가 아니라 궁정의 신하처럼 되기를 권하는 거라며 반박할지도 모른다. 그러니까 진리에는 주의를 기울이지 말고 실제가 아닌 외양을 따르라는 거라고, 도덕은 던져 버리고 기만적인 덕의 가면을 쓰라는 거라고 말이다.

그러나 나의 의도는 그런 것이 아니다. 오히려 나는 그들이 심지어 궁정에서도 철학자답게 행동하기를 바란다. 실제로 진리일 뿐 아니라 진리로 보이는 외양도 갖춘 진리에 관심을 기울이고, 도덕적으로 선하며 모든 사람이 인정하는 일을 추구하기를 바란다.

그런 사람들은 유창함에 대해서도 오늘날의 공부

방법이 해로운 것이 아니라 오히려 가장 도움이 되는 것이라고 주장할 것이다. "진리에 근거한 탄탄한 논증으로 설득하고, 일단 진리와 이성이 합치되면 다시는 분리되지 않는 효과를 만드는 것이, 겉만 번지르르한 유창한 유혹과 뜨거운 웅변의 불길로 듣는 이의 영혼을 강제하여, 결국 그 불이 꺼지면 원래의 기질로 되돌아가게 하는 것보다 훨씬 더 낫지 않은가!"

그에 대해 나는 유창함이란 우리 본성의 이성적 부분에 호소하는 것이 아니라 거의 전적으로 우리의 격정에 호소하는 것이라고 대답하겠다. 우리의 이성적 부분은 순수하게 지적인 추론들로 짠 그물로도 사로잡을 수 있을지 모르지만, 우리의 격정적인 부분은 더욱더 감각적이고 물질적인 수단을 동원하지 않으면 전혀 움직이지도 압도되지도 않는다. 유창함의 역할은 설득하는 것이다. 웅변가가 설득력을 발휘하려면 청자들의 마음속에 자신이 바라는 감정을 일으킬 수 있어야 한다. 지혜로운 사람은 자신의 의지로써 스스로 그러한 마음의 상태를 이끌어 낼 수 있다. 그러한 의지는 그들의 지성이 내리는 명령에 완벽하게 복종하는 것이므로, 지혜로운 사람은 웅변가가 그들의 의무를 지적해 주기만 해도 그대로 행한다. 그러나 평범한 대중은 소란스럽고 격동하는 욕망에 압도되어 끌려다닌다. 그들의 영혼은 육체에 전염되어 오염되었으므로 육체의 본성을 따른다. 따라서 육체적인 것으로만 움직일 수 있으니 구체적인 이미지로 그들의 영혼을 유도하고 사랑하도록 만들어야 한다. 일단 그 영혼이 사랑을 하게 되면 믿음을 갖도록 가르치기가 쉬워지고, 일단 믿고 사랑하게 되면 그 격정의 불길이 스며들어 타성을 깨트리고 의지를 갖게 만들 수 있다. 웅변가가 이러한 믿음과 사랑과 의지를 이끌어 낼 수 없다면 그는 설득의 효과도 낼 수 없는 것이며, 확신을 심어 줄 힘도 없는 것이다.

그러한 영혼의 격동, 인간의 내면에서 욕망이라는 단 하나의 근원에서 나오는 그 병폐를 좋은 쪽으로 활용할 능력을 지닌 것이 딱 두 가지 있다. 하나는 지혜로운 이들의 영혼에서 열정을 다스려 그 열정을 덕으로 바꾸는 역할을 하는 철학이며, 다른 하나는 평범한 이들에게 그러한 열정의 불을 붙여 그들이 덕의 의무를 행하도록 만드는 유창함이다.

오늘날의 정부 형태에서는 유창한 웅변으로 자유로운 시민을 통제할 수 없다고 반박할 사람도 있을 것이다. 이에 대해 나는 주먹이 아니라 법으로 우리를 다스리는 군주에게 고마워해야 한다고 답하겠다. 그러나 우리와 같은 공화제 정부 아래에서도 웅변가는 법정과 의회와 종교모임에서 국가에 가장 큰 이로움을 가져오고 우리 언어를 풍성하게 만드는 유창하고 폭넓고 열정적인 연설 방식으로 특별한 존재로 부각되었다.

(……)

그러니 자연학이나 역학을 공부하려는 것이 아니라, 공직을 맡거나 법관이나 의원이 되거나 웅변가가 되려는 사람이라면 청소년기부터 추상적인 기하학이 가르치는 주제에 많은 시간을 허비해서는 안 된다. 대신 창의적인 방법으로 자신의 정신을 갈고닦아야 한다. 자연에 관한 것이든 인간에 관한 것이든 공동체에 관한 것이든 더욱 자유롭고 더욱 찬란한 표현 방식으로 화제를 전개하는 훈련을 해야 한다. 가능성과 개연성에 지나지 않아 보이는 것도 무시하지 말아야 한다. 또한 고대인들에게 지혜에서는 뒤지면서 과학의 영역에서만 능가하려고 노력하거나 그들보다 유창함에서는 뒤지면서 단순히 더 정확한 사실만 알려고 하는 것이 아니라, 과학의 영역에서 그들을 능가하듯 지혜와 유창함의 영역에서도 그들과 같은 수준에 도달하도록 애쓰자.

대학이란 무엇인가

존 헨리 뉴먼(John Henry Newman , 1801~1890)

존 헨리 뉴먼은 19세기 영국 기독교에서 중요한 위치를 차지하는 성직자 겸 신학자이자 교육가이다. 1801년 런던에서 태어나 성공회 신도로 성장한 뉴먼은 7세부터 15세까지 명문 기숙학교인 그레이트일링스쿨Great Ealing School에 다니며 그리스와 라틴 고전, 프랑스어, 음악, 수학을 공부하고, 옥스퍼드대학에 진학하여 고전과 수학을 집중적으로 공부했다. 이후 당시 옥스퍼드 지성의 중심지로 여겨지던 오리얼칼리지Oriel College의 강사가 되었고, 성공회 사제로 서품되어 1843년까지 17년 동안 동정녀 성 마리아 대학교회의 교구목사를 지냈다. 그러나 교부들에 대해 체계적으로 공부하면서 초기교회의 전통을 중시하는 고교회파高教會派로 이끌렸고, 이에 1833년부터 초기 가톨릭교회와 교부들의 전통을 되살리고 교회에 대한 국가의 간섭에 반대하는 옥스퍼드운동을 주도하게 되었으며, 결국 1845년에 가톨릭으로 개종하였다. 이로 인해 가족을 비롯하여 가까운 사람들과 관계가 단절되는 고통을 견뎌야 했다.

그는 학자이자 교육가이기도 했다. 1851년에 아일랜드 주교들은 더블린에 가톨릭대학을 설립하는 일에 관해 뉴먼에게 조언을 구했다. 그리하여 1854년에 아일랜드가톨릭대학Catholic University of Ireland이 문을 열었고(첫 학기 학생 수는 17명), 설립에 핵심 역할을 한 뉴먼이 초대 학장이 되었다. 1857년부터는 버밍엄으로 돌아가 은둔적인 삶을 살았다. 1879년에 추기경에 서임되었으며, 2019년에는 프란치스코 교황에 의해 시성되었다.

종교에 관한 저서로는 옥스퍼드운동의 선언문 격인 『시대를 위한 소책자』Tracts for the Times(1833~1841), 성 아우구스티누스의

『고백록』이후 가장 뛰어난 영적 자서전이라는 평가를 받는『그의 삶을 위한 변론』Apologia Pro Vita Sua(1865~1866), 뉴먼의 종교철학이 담긴『동의의 문법』Grammar of Assent(1870) 등이 대표적이다. 또한 고대부터 중세를 거쳐 19세기까지의 교육에 관해 고찰한『대학 스케치』University Sketches(1856), 교육에 관한 강연을 묶은『대학교육의 범위와 본질에 관한 담화』Discourses on the Scope and Nature of University Education(1852)가 있고, 여기에 이후의 다른 강연들을 추가해『대학이란 무엇인가』The Idea of a University가 1873년에 출간되었다. 19세기 영국에서 나온 가장 훌륭한 산문 중 하나로 꼽히는 이 책에서 뉴먼은 대학의 목적을 기준으로 대학을 정의한다. 대학university이란 교회나 신학대학이나 과학 교육기관이 아니라, 보편적 지식 universal knowledge을 가르치는 장소이며, 따라서 서로 연결된 지식의 체계에 대한 전체적 시야를 학생에게 갖춰 주어야 한다는 것이다. 여기에는 그 중 다섯 번째 강연인『그 자체의 목적으로서 지식』을 실었다. 지식은 무언가의 도구가 아니라 그 자체가 목적이라고 보는 뉴먼의 교육관은 아리스토텔레스와 키케로에 뿌리를 두고 있으며, 지식을 하나의 전체로 보는 관점은 고대 그리스의 '엥퀴클리오스 파이데이아', 즉 모든 것을 아우르는 교육을 떠올리게 한다. 심지어 그는 인격을 높이는 것 역시 지식의 목적은 아니라고 단호히 말한다. 뉴먼이 말하는 지식 자체의 목적인 지식은 무엇인지 그의 강연에 귀기울여 보자.

5강 그 자체의 목적으로서 지식

대학에 대해서는 대학에서 공부하는 학생들과 관련하여 생각해 볼 수도 있고 대학에서 하는 공부와 관련하여 생각해 볼 수도 있습니다. 내가 앞에서부터 대학의 공부에 관해 계속 적용해 온 원칙, 즉 모든 지식은 하나의 전체이며 개별적 학문은 모두 그 하나를 이루는 부분이라는 원칙은 대학생들에게 초점을 맞출 때도 역시나 중요한 의미를 지닙니다. 이제 나는 학생들에게로 관심을 돌려, 바로 그 원칙에 따라 대학이 학생에게 제공할 교육에 관해 고찰해 보고자 합니다. 이로써 내가 앞에서 논의해 보자고 제안했던 둘째 문제, 즉 가르침을 받는 사람의 입장을 고려했을 때 대학의 가르침이란 것이 유용성의 속성을 지니는가, 만약 지닌다면 어떤 의미에서 그러한가, 하는 문제에 관해 이야기해 보겠습니다.

1

앞에서부터 나는 지식의 모든 분야는 서로 연결되어 있다고 말했습니다. 지식이 다루는 모든 대상은 창조주의 행위와 조화의 결과이므로 그 자체로 서로 긴밀히 통합되어 있기 때문이지요. 우리의 지식을 담는 외형적 틀이라고 할 수 있는 각 학문은 서로 각각의 사이에 복합적 관련성과 내적인 조화를 지니고 있으며, 비교와 조정을 허용하고, 심지어 비교와 조정을 요구하기도 합니다. 또한 서로를 완성시키고 바로잡아 주며 균형을 맞춰 가지요. 이러한 상호관련성은 학문들의 공통 목적인 진리의 획득에 관해 논할 때뿐 아니라, 학문을 공부하는 것이 곧 자신이 받는 교육 과정인 학생들에게 어떤 영향을 미치는지와 관련해서도 반드시 고려해야 하는 사항입니다. 단, 충분한 근거를 토대로 논해야 하지요. 앞에서 이미 나는 한 학문에 과도하게 중요성을 부여하는 것이 다른 학문에는 부당한 일이라고, 어떤 학문을 등한시하거나 다른 학문으로 대체하는 것은 그 학문의 고유한 목적에서 이탈하게 만드는 것이라고 말했습니다. 그것은 학문과 학문 사이의 경계선을 허물어뜨리는 일이며, 각 학문의 활동을 교란하고, 그들을 하나로 결합하는 조화를 깨트리는 일입니다. 그런 행위가 교육의 장에서 일어나면 그에 상응하는 결과가 나타나지요. 어떤 학문을 전체의 한 부분으로 보았을 때 그 학문이 들려주는 이야기와, 다른 학문이라는 보호 장치를 떼어 내고 그 학문만을 개별적으로 보았을 때 들려주는 이야기는 서로 다릅니다.

예를 들어 설명해 보겠습니다. 색상을 조합할 때는 어떤 색상을 선택하여 어떻게 병치하느냐에 따라 차이가 생겨나고, 이 차이로 상당히 다른 효과가 만들어집니다. 빨간색, 초록색, 흰색도 어떤 식으로 대조를 이루게 하느냐에 따라 색조가 달라지지요. 이와 비슷하게 지식의 한 분야가 지닌 취지와 의미도 어떤 분야와 함께 학생에게 소개하느냐에 따라 달라집니다. 학생이 한 과목의 책만을 읽는다면 그런 치우침은 특정한 한 가지 공부를 진전시키는 데는 도움이 될지 몰라도(여기서는 이 점에 관해 자세히 논하지 않겠습니다만) 그 학생의 정신을 축소시키는 경향이 있는 것은 분명합니다. 만약 다른 과목과 함께 공부한다면, 그런 공부가 학생에게 어떤 종류의 영향을 미치게 될지는 그 다른 과목이 무엇이냐에 달려 있습니다. 예컨대 잉글랜드에서는 세련된 취향을 기르는 수단으로 여겨지는 고전이 프랑스에서는 혁명의 원칙들과 이신론理神論의 교리를 확산시키는 데 일조하는 결과를 낳지 않았습니까. 형이상학 분야를 보면, 조지프 버틀러[1]의 『종교의 유비』Analogy of Religion는 옥스퍼드대학 구성원들을 가톨릭으로 개종시킨 일과 깊은 관련이 있지만, 그들과는 다른 종류의 교육을 받은 윌리엄 피트[2] 등은 그 책이 단지 불신앙을 주도할 뿐이라고 보았습니다. 또한 랜더프의 주교 리처드 왓슨이 자서전에서 한 이야기를 보면, 그는 수학이 정신을 종교적 신앙을 갖기 부적합한 상태로 만든다고 생각했던 것 같지만, 다른 한편에서는 수학의 탐구대상이 기독교의 신비와 가장 유사하며 따라서 그 신비에 대한 가장 훌륭한 옹호라고 생각하는 사람들도 있지요. 또한 나는 아르케실라오스가 아리스토텔레스처럼 논리학을 다루었을 거라고도, 아리스토텔레스가 플라톤처럼 시인들을 비판했을 것이라고도 생각하지 않습니다. 그러나 어쨌든 추론과 시는 모두 과학적 법칙의 지배를 받지요.

그렇다면 학생들을 위해서도 대학이 제공하는 학문의 범위를 확장하는 것은 매우 좋은 일입니다. 제공되는 모든 과목을 모든 학생이 끝까지 파고들지는 못하더라도, 전체 학문 범위를 대표하는 사람들이나 그들에게서 배우는 사람들과 함께 생활하는 것은 학생들에게 큰 득이 될 테지요. 나는 이것이 보편적 배움의 중심지이자 교육의 장소인 대학에 속해 있어서 얻을 수 있는 이점이라고 생각합니다. 각자 자신의 학문 분야에 대한 열의를 가지고 서로 학문으로써 경쟁하는 배움 깊은 사람들이, 친숙한 교류를 통해 그리고 지적인 평화를 위해, 각자 탐구하는 주제의 주장과 관계를 서로 조정하기 위해 한데 모여 있는 것이지요. 그들은 서로 존중하고 상의하고 돕는 법을 배워 갑니다. 이렇게 하여 순수하고 맑은 사유의 분위기가 조성되고, 학생들은 각자 여러 학문 중에서 소수의 몇 가지 학문만을 공부하더라도 바로 그런 분위기를 함께 호흡하는 것이지요. 교사들 개개인과는 독립적으로 존재하는 지적 전통, 학생의 과목 선택에 안내자가 되어 주고 학생이 선택하는 것들에 대해 충분히 해석해 주는 지적 전통 또한 학생들에게는 큰 득이 됩니다. 그러한 지적 전통의 도움이 없었다면 파악하지 못했을 지식의 거대한 윤곽선과 그 지식이 토대를 둔 원칙들, 그 지식을 이루는 각 부분의 규모, 그 지식의 빛과 그림자, 장점과 단점을 파악하게 되는 것이지요. 그 학생이 받는 교육이 '자유로운' 교육이라 불리는 것은 바로 그 때문입니다. 자유와 공정, 침착, 절제, 지혜를 속성으로 하며 평생 지속되는 정신의 습관, 혹은 내가 앞 장에서 과감히 '철학적 습관'이라 불렀던 것은 바로 이렇게 형성됩니다. 나는 이러한 정신의 습관이, 다른 교육의 장소나 방식들과 달리 대학이 제공하는 교육만이 맺을 수 있는 특별한 열매라고 생각합니다. 이것이 바로 대학의 교육 방식이 학생들에게 기여할 수 있는 가장 중요한 목적입니다.

다음으로 내게 던져진 질문은 "대학의 **쓸모**는 무엇인가?"이며, 이 질문에 대한 답이 이어질 논의의 핵심 주제입니다.

2

신중하고 실용적으로 사고하는 사람들이라면, 내가 너무나도 큰 가치와 가능성을 지니고 있다고 공언하는 이 철학이라는 것에서 결국 그들이 얻을 수 있는 것이 무엇이냐고 물을 것입니다. 철학이 우리가 모든 학문 각각에 대해 딱 알맞은 정도의 신뢰만을 갖게 해 주고, 어디서나 발견되는 모든 진리의 가치를 정확히 추정하게 해 준다고 가정하더라도, 내가 줄곧 극찬해 온, 만물에 대한 이 최고의 관점을 갖춘다는 것이 우리에게 어떤 식으로 더 이로운 것이냐고 말이지요. 그들은 다음과 같은 의문들을 품고 있을 것입니다. 그것은 분업의 원리를 뒤집는 것이 아닌가? 철학을 갈고닦으면 실질적인 목적을 이루기가 더 쉬워질까, 아니면 더 어려워질까? 철학은 어떤 결과를 끌어내는가? 철학의 최종 목적지는 어디인가? 철학이 하는 일은 무엇인가? 그것은 어떻게 이로움을 만들어 내는가? 철학은 어떤 것을 약속하는가? 구체적 학문은 각자 특정한 기술의 근간으로서, 구체적이고도 이로운 결실로 이어질 뿐 아니라, 각자가 획득한 지식의 대상인 각자의 진리를 발견하는데, 그렇다면 학문들의 학문이라는 철학은 어떤 기술을 갖고 있는 것일까? 그러한 철학이 맺는 열매는 무엇인가? 우리가 대학을 설립하는 큰 사업에 착수하려 할 때, 가톨릭 공동체를 향해 철학의 어떤 효과를 제시하고 어떤 장려책을 제안할 수 있을 것인가?

내가 답해야 할 질문은 대학 교육이 이뤄야 할 목표는 무엇이며, 대학 교육이 제공할 것이라고 내가 생각하고 있는 자유학문 혹은 철학적 지식의 목표가 무엇이냐는 것입니다. 이에 대해 나는 내가 지금까지 말한 내용으로도 그 지식이 상당히 구체적이고 실제적이며 충분히 만족스러운 목표를 지니고 있음을 보여 주었으며, 그 목표가 그 지식 자체에서 분리되는 것은 아니라고 대답하겠습니다. 지식은 지식 자체의 목적이될 수 있는 역량을 지니고 있습니다. 어떤 종류의 지식이든, 정말 제대로 된 것이기만 한다면 지식 자체가 그지식의 보상이 될 수 있다는 것, 이것이 바로 인간 정신이 지닌 특질이지요. 그리고 이 말이 모든 지식에 대해참이라면, 모든 철학 분야의 진리, 학문과 학문 사이의관계, 학문들 사이에 존재하는 상호관련성, 각 학문들의 가치에 대한 포괄적인 관점이라고 내가 주장해 온그 특별한 철학에 대해서도 참일 것입니다. 우리가 추구하는 다른 목표들, 이를테면 부와 권력, 명예, 생활의편리와 안락 등과 비교할 때 그러한 철학적 지식이 어떤 가치를 지니는지 이 자리에서 논의하지는 않겠습니다. 그러나 나는 철학이 그 자체의 본성에 있어 진정으로 부인할 수 없이 좋은 목표라고, 그것을 이해하고 그 지식을 획득하는 데 들어가는 엄청난 양의 사유와 노고를 보상할 만큼 좋은 목표라고 주장할 것이고, 또 그것을 증명하고자 합니다.

내가 지식은 그저 지식 이외의 무언가에 도달하기 위한 수단이나 그 지식이 자연스럽게 구성요소가 될 특정한 기술의 예비단계인 것이 아니라, 그 자체로 만족스러운 것이자 그 지식을 추구하는 자체가 그 지식의 충분한 목표라고 말할 때, 나는 결코 역설을 말하는 것이 아닙니다. 그저 저절로 알 수 있는 사실이며 언제나 철학자들의 공통된 판단이었고 인류의 일반적인 감정이었던 것을 말하는 것일 따름이지요. 내가 말하는 바를 적어도 오늘날의 여론은 성급하게 부인하지 않을 것입니다. 근래에 우리가 종교에 반대하며 재미와 호기심을 만족시키는 다양한 지식에 관한 이야기를 얼마나 많이 들어 왔는지를 감안하면 말이지요. 나는 모든 서적이 증언하는 바를, 그러니까 "제아무리 불리한 환경도 지식의 습득을 향한 열렬한 욕망을 억누르지는 못했음을 보여 주는, 모든 시대와 모든 나라의 철학과 문학과 학예의 기록 중에서 가려 뽑은 예들의 모음"[3)] 이 보여 주는 바를 말할 따름입니다. 물론 내가 지식의 존재 자체를 넘어선, 지식을 소유함으로써 우리에게 생겨나고 다른 이들에게도 돌아가는 더 많은 추가적 이점들을 부인하는 것은 결코 아닙니다. 다만 그러한 이점들과는 무관하게, 지식을 습득한다는 사실 자체만으로도 우리의 본성인 직접적인 욕구는 충족된다는 말을 하는 것입니다. 또한 더 열등한 피조물들의 본성과는 달리, 우리의 본성은 단번에 완성되지 않고 그 완성을 위해서는 여러 가지 외적인 도움과 도구가 필요한데, 지식은 그 가장 주된 도구 중 하나로서, 비록 더 이상의 이득을 주지 못하거나 어떤 직접적인 목표에 도움을 주지 못한다고 하더라도 우리가 마치 습관을 지니듯 지식을 지니고 있다는 바로 그 사실만으로도 가치가 있습니다.

3

키케로가 정신의 여러 탁월함을 열거하면서 지식 자체를 위한 지식의 추구를 으뜸으로 꼽았던 것도 바로 그래서였지요. "이는 무엇보다 인간 본성에 가장 가까운 일이다. 우리는 모두 배움과 지식에 대한 열망을 갖고 있으며, 탁월한 지식을 소유하게 되는 일은 영광으로 여기는 반면, 오류에 빠지고 진리에서 멀어지며 무지하고 기만에 현혹되는 것은 나쁘고 부도덕한 일이라 여기기 때문이다." 또한 키케로는 육체적 욕구만 충족되면 그 후 우리가 가장 먼저 끌리는 대상이 지식이라고 생각했습니다. 동물적 존재로서 우리 자신과 우리의 가족과 이웃에 대한 의무와 요구를 채웠다면 그 뒤에 이어지는 것은 "진리를 향한 추구다. 그래서 우리는 필수적인 보살핌이라는 의무에서 벗어나자마자 즉각 보고 듣고 배우기를 갈망하며, 비밀스럽거나 경이로운 것에 대한 지식을 행복의 조건으로 여긴다."[4]

다른 많은 저자도 이와 비슷한 글을 썼지만, 키케로의 이 글이 우리에게 가장 친숙하게 알려져 있어서 이 글을 골랐습니다. 키케로가 지식의 추구를 지식이 분명 기여할 수도 있는 이면의 다른 목적과 뚜렷이 구분한 점을 유념해서 보기를 바랍니다. 그런데 나는 그 이면의 목적이 나에게 대학 교육 또는 자유학문 교육이 무슨 쓸모가 있는지 묻는 사람들만이 깊이 생각하는 목적이라고 생각합니다. 저 위대한 웅변가 키케로는, 지식을 갈고닦는 것이 직접적으로 육체적 안락과 쾌락, 인생과 개인, 건강, 부부와 가족의 화합, 사회적 연대와 시민적 안전을 위한 일이라고 말하지 않습니다. 오히려 그는 육체적 욕구와 정치적 요구가 충족된 후에야, 그리하여 우리가 '필수적인 의무와 보살핌의 요구'에서 벗어났을 때야 '보고, 듣고, 배우기를 갈망할' 조건이 된다고 암시하지요. 또한 그는 지식을 획득한 후에, 우리가 지식을 추구하기 전에 안전하게 확보해둔 물질적 소유에 대해 그 지식이 반사적으로 혹은 후속적으로 미치게 되는 영향에 대해서는 조금도 고려하지 않습니다. 심지어 그는 지식과 사회적 삶 사이의 상관관계마저 부인합니다. 이는 베이컨의 철학*이 부상한 이후에 살아가는 사람들에게는 아주 기이하게 여겨지는 일일 것입니다. 키케로는 지식을 갈고닦는 일이 함께 세상을 살아가는 인류에 대한 우리의 의무에 지장을 초래하게 해서는 안 된다고 경고합니다. "이 학문들은 모두 진리를 찾는 일을 추구하지만, 그 일에 빠져 공적인 일을 게을리하는 것은 의무에 어긋난다. 덕의 모든 영광은 행동 속에 있기 때문이다. 그러나 활동은 종종 중단되므로 다시 공부로 돌아갈 기회도 많다.

---

* 경험론의 시조인 프랜시스 베이컨은 철학은 인간의 행복에 기여해야 한다고 믿었고, 감각적 경험과 증거에 기초한 귀납법을 제시하여 근대 자연과학의 방법론 확립에 기여하고 과학혁명에 큰 영향을 미쳤다.

게다가 정신이란 잠시도 쉬지 않고 움직이는 것이니 굳이 의식적인 노력을 기울이지 않을 때도 우리는 계속 지식을 추구할 수 있다." 사회를 이롭게 하는 도구로서 학문과 지식을 추구한다는 개념은 키케로가 생각하는 지식을 갈고닦는 동기에는 전혀 포함되지 않았습니다.

이는 카르네아데스와 그의 동료들이 그리스 철학의 대사로 방문해 유창한 연설로 로마의 젊은이들을 매료시켰을 때, 대 카토가 자기네 로마에 그리스 철학을 소개하는 것을 반대하면서 내세운 근거이기도 했습니다. 누구보다 실용성을 중시한 카토는 모든 것의 가치를 그것이 생산해 내는 산물을 근거로 평가했던 것이지요. 그런데 지식의 추구는 지식 자체 외에는 아무것도 약속해 주는 것이 없었습니다. 그는 정신을 섬세하게 만들거나 확장하는 일을 하찮게 여겼는데, 자신은 그런 경험을 해 본 적이 없었기 때문입니다.

4

다른 모든 것과 고립되어 있으면서도 생명을 유지할 수 있는 것이라면 반드시 자체 내에 생명을 지니고 있어야 합니다. 또한 아무것도 만들어 내지 못하면서도 오랜 세월 토대를 유지하고 있고, 아직 스스로 유용하다는 것을 증명하지 못했음에도 여전히 존경스러운 것으로 여겨지는 추구라면 결국 어떤 목적으로 밝혀지든 간에 그 자체 안에 충분한 목적을 품고 있어야만 할 테지요. 그리고 일반 대중이 지금 우리가 논하고 있는 지식을 지칭하는 별칭을 살펴보아도 동일한 결론에 이르게 됩니다. 흔히 '자유지식', '자유학문', '자유교육' 같은 말을 사용하여 대학 또는 신사들의 고유한 특성 또는 속성을 지칭하는데, 여기서 자유라는 단어가 의미하는 바가 무엇일까요? 우선 문법적 의미로는 '노예 상태'의 반대말입니다. 우리는 '노예노동'을 정신이 거의 아무 역할도 하지 않는 육체노동과 기계적인 작업이라고 이해합니다. 어느 시인이 말했듯 기원과 방법이 기술이 아니라 운에 있는 기예,* 예컨대 돌팔이의 시술 같은 것을 기예라고 부를 수 있다면, 바로 그런 것이 노예노동과 유사한 것이지요. 이러한 대조를 통해 그 단어의 의미를 파악해 본다면, 자유교육과 자유학문의 추구는 정신과 이성과 성찰의 훈련이라고 볼 수 있습니다.

---

* 고대 그리스의 비극시인 아가톤(Agathon)의 말. "기예 techne는 운tyche을 돕고, 운은 기예를 돕는다."(Τέχνη την τύχην ωφελεί και η τύχη δε την τέχνην.)

그러나 그 설명만으로는 부족합니다. 자유로운 신체 훈련도 있고, 자유롭지 않은 정신의 훈련도 있기 때문이지요. 예를 들어 고대에는 의술을 행하던 사람들이 대개 노예였습니다. 하지만 오늘날 의술은 가식과 사기행각과 돌팔이 의사들 때문에 그 가치가 실추되기는 했지만 본디 지적인 일이며 고귀한 목적을 지닌 일입니다. 이와 비슷한 방식으로 우리는 상업적 교육 또는 직업교육과 자유교육을 대비시켜 볼 수도 있습니다. 물론 상업과 직업들이 가장 높고 가장 다양한 정신의 힘을 발휘할 기회를 제공해 준다는 것은 아무도 부인하지 못할 것입니다. 반면 지성을 행사하는 일 중에도 엄밀히 '자유롭다'고 말할 수 없는 종류도 상당히 많으며, 신체적 행위 중에도 자유롭다고 표현되는 것들이 있지요. 예를 들어 고대 그리스의 팔라이스트라(고대 그리스의 격투 연습장)에서 하던 권투나 레슬링이 그렇고, 신체의 힘과 기술뿐 아니라 정신의 힘으로도 승부를 겨루는 올림픽 경기도 그렇습니다. 크세노폰의 글에서 우리는 페르시아의 젊은 귀족들이 승마만 배운 것이 아니라 진실을 말하라는 가르침도 받았음을 알 수 있습니다. 둘 다 귀족이라면 이루어야 할 성취였던 것이지요. 전쟁 역시 매우 거친 일이기는 하지만, 영웅의 일이 되는 경우를 제외하면 늘 자유민의 일로 간주되었고요. 영웅의 전쟁에 관한 이야기는 별개의 주제가 될 테니 여기서는 논외로 하겠습니다.

　이런 경우들을 함께 살펴보면, 지금 우리가 고찰하고 있는 '자유'라는 용어가 어떤 원칙에 따라 매우 다양한 의미로 쓰였음을 어렵지 않게 판단할 수 있습니다. 남자다움을 겨루거나 기술 또는 군사적 기량을 겨루는 경기는 신체적인 일이기는 하지만 자유로운 일로 간주되었던 것으로 보입니다. 반면 매우 지적인 일이라도 단순히 직업만을 위한 일이라면 상업이나 육체노동에 비해 자유롭다고 하더라도 그저 자유롭다고만은 할 수 없으며, 게다가 상업에 관련된 직업은 전혀 자유롭다고 여겨지지 않았습니다. 왜 이렇게 구별되는 것일까요? 왜냐하면 자유로운 지식이란 오직 그 자체의 주장에만 근거하고, 결과에 의존하지 않으며, 보충해 줄 다른 것을 기대하지 않고, 어떠한 목적에 의해 영향을 받거나 어떤 기술로 흡수되기를 거부한 채, 순수하게 우리의 고찰 대상으로 자신을 제시하기 때문입니다. 가장 평범한 추구라도 자족적이고 완전하기만 하면 바로 이런 특징을 지니며, 가장 고상한 추구라도 그 자체를 넘어서는 어떤 목적에 기여한다면 이런 특징을 상실합니다. 사회의 분열을 줄이는 일에 관한 논문과 크리켓 게임이나 여우몰이 게임을 두고 가치와 중요성의 관점에서 저울질하겠다는 것은 어리석은 일일 것입니다. 그러나 둘 중 후자인 신체활동은 우리가 '자유롭다'고 말하는 특징을 가지고 있지만, 전자인 지적 활동은 그렇지 않습니다. 의학과 법학, 신학 또한 단지 직업으로만 볼 때는 마찬가지로 자유로운 직업이 아닙니다. 물론 의학은 사람들에게 가장 이롭고, 법학은 정치적으로 가장 중요하며, 신학은 인간의 모든 추구 가운데 가장 내밀하고 신성한 추구이지만, 신체와 국가와 영혼의 건강이라는 바로 그 위대한 목적 때문에 그 학문들이 '자유지식'이라 불릴 자격은 오히려 더 축소되며, 바로 그 목적을 위한 가장 긴급한 용도에만 한정할 때는 더더욱 그렇습니다. 예를 들어 신학이 성찰의 수단이 아니라 설교나 교리문답의 용도로만 제한될 때, 유용성이나 신성함, 공을 상실하지는 않지만(오히려 그렇게 자비롭게 가르침을 주는 일은 이런 칭찬을 신학에 더 많이 안겨 주지요), 지금 내가 설명하고 있는 자유로움이라는 속성은 분명히 상실합니다. 눈물과 단식으로 시달린 얼굴에서 아름다움이 사라지고, 노동하는 사람의 손에서 섬세함이 사라지는 것과 같이 말입니다. 왜냐하면 그렇게 실행되는 신학은 지식 자체가 아니라, 신학을 사용하는 기술 또는 사업이기 때문입니다. 그러니 초자연적인 것이라 해서 꼭 자유로운 것은 아니며, 영웅이라고 해서 꼭 신사가 될 필요도 없습니다. 이유는 단순합니다. 개념 자체가 서로 다르기 때문이지요. 마찬가지로 베이컨 철학도 자연과학을 사용하여 인간을 이롭게 함으로써 자유로운 추구의 영역을 벗어나, 열등한 영역이라고 말하지는 않겠지만 전혀 별개인 유용한 것의 영역으로 옮겨 갔습니다. 나아가 개인적 이익을 동기로 무언가를 추구할 때면 그 추구의 성격은 자유로운 것에서 더욱 멀어집니다. 고대 그리스에서는 자유로운 운동이었던 말타기 경주가 오늘날에는 경마라는 도박이 되어 자유로운 운동의 지위를 잃어버린 것이 바로 그런 예이지요.

지금까지 내가 한 말은 위대한 철학자 아리스토텔레스가 한 그다운 몇 마디 말로 요약할 수 있습니다. "소유물에 대해 말하자면, 열매를 맺는 것은 유용한 것이며, **즐김을 위한 것은 자유로운 것**이다. 열매를 맺는다는 말은 이익을 낳는다는 뜻이며, 즐긴다는 것은 그것을 **사용하는 것 이외의 어떠한 결과도 낳지 않는다**는 뜻이다."

5

이렇게 옛사람들의 말을 가져와 내세운다고 해서 내가 세상을 2천 년 전으로 돌리고 이교사상의 논리로써 철학을 옭아매려 한다고는 생각하지 마십시오. 이런 문제들에 대한 아리스토텔레스의 가르침은 이 세상이 존속하는 한 유지될 것입니다. 왜냐하면 그는 자연의 사제, 진리의 사제이기 때문이지요. 우리가 인간인 한 우리는 상당 부분 아리스토텔레스주의자들일 수밖에 없습니다. 그 위대한 스승이 한 일은 바로 인류의 생각과 감정과 관점과 의견을 분석한 것이기 때문입니다. 그는 우리에게 우리 자신의 말과 생각의 의미를, 우리가 태어나기도 전에 알려주었습니다. 정확하게 생각한다는 것은 아리스토텔레스처럼 생각한다는 것이며, 우리는 깨닫지 못할지 모르지만 우리가 원하든 원하지 않든 우리는 모두 그의 제자들입니다.

지금 우리 앞에 놓인 이 구체적 사례, 즉 지식과 교육에 적용된 '자유'라는 단어는 어떤 특정한 개념을 표현하며, 이 개념은 아름다움이나 숭고함, 어리석음 또는 추악함의 개념이 특정한 의미를 지닌 것처럼, 인간의 본성이 변하지 않는 한 줄곧 그러한 의미를 지녀왔고 앞으로도 계속 지니게 될 것입니다. 그 개념은 지금도 존재하고 옛날에도 존재했습니다. 신앙의 교리들이 그런 것처럼, 그 개념은 역사적 전통에 의해 지속적으로 실증되어 왔고, 처음 생겨난 이후로 한 번도 이 세상에서 사라진 적이 없었지요. 그 개념에 어떤 공부와 어떤 기술이 포함되는지를 두고 때때로 의견 차이는 있었지만 그러한 차이는 그 개념이 지닌 현실성을 보여주는 또 하나의 증거일 뿐입니다. 그 자유의 개념에는 분명 하나의 실체가 있습니다. 그 실체는 이견과 변화 속에서도 토대를 유지해 왔으며, 척도와 기준 역할을 해 왔고, 우리의 본성 자체에서 나온 것도 아니면서 온갖 관념이나 생각에 색깔을 입히고 영향을 미칠 수 있는 것들이 너무나 많았던 시기에도 전혀 변하지 않고 정신에서 정신으로 전해져 왔습니다. 만약 그것이 단순한 일반화였다면, 어떤 주제에서 그 일반화가 도출

되었는가에 따라 달라졌겠지요. 그러나 시대에 따라 대상이 되는 주제들은 바뀌었어도 그 개념 자체는 달라지지 않았습니다. 팔라이스트라의 체육활동은 리쿠르고스[5]에게는 자유로운 활동으로 보였겠지만, 세네카에게는 자유롭지 않은 활동으로 보였을 것입니다. 마차경주와 권투는 엘리스[6]에서는 인정받았겠지만 잉글랜드에서는 비난받을 것입니다. 음악은 어떤 현대인들의 눈에는 경멸스러운 것일지 몰라도, 아리스토텔레스와 플라톤에게는 가장 높은 가치를 인정받았지요. 마찬가지로 미와 선, 도덕의 개념을 구체적으로 적용할 때에도 취향의 차이, 판단의 차이가 존재합니다. 하지만 이러한 차이들은 그 원형적 개념들의 신빙성을 훼손하는 것이 아니며, 오히려 그 원형적 개념은 서로 맞서는 견해들에 논쟁을 붙이는 기존 가설 혹은 조건이고, 그것이 없다면 논쟁할 거리도 없어질 것입니다.

그러므로 나는 그 자체가 목적인 지식에 관해 말하고, 그것을 자유로운 지식 또는 신사의 지식이라고 부르며, 그런 지식을 교육하며, 그것을 대학이 맡아야 할 영역이라고 말할 때 내가 모순을 말한다는 비난을 받아야 한다고는 생각하지 않습니다. 또한 모호하고 일반적인 의미의 '지식'이 아니라 내가 특별히 '철학'이라고 부르는 지식, 혹은 더욱 확장된 의미의 '학문'을 해야 한다는 나의 주장은 더더욱 비난받을 일이 아닙니다. 지식이 선善으로 간주되기 위해서는 그 근거가 모호하거나 대중적인 것이 아니라 철학처럼 엄밀하고 탁월하여 더욱 높은 수준이어야 합니다. 그러므로 나는 지식이 철학적일 때, 그리고 철학적인 한에서만 자유롭고, 모든 외부와 이면의 대상과 분리된 그 자체로 충분한 지식이라고 생각합니다. 이제 이 사실을 증명해 보려 합니다.

6

지금 내가 말하려는 바가 처음에는 허황하게 보일지 몰라도 참고 들어 주기 바랍니다. 철학 또는 학문과 지식 사이에는 다음과 같은 관계가 있습니다. 지식은 이성의 작용을 받고 이성에서 정보를 얻을 때, 아니 더욱 강력한 표현을 쓴다면 이성에 의해 수태될 때에야, 학문 또는 철학이라는 이름으로 부를 수 있습니다. 이성은 지식 고유의 생산력을 이끌어 내는 원리이며, 그 생산력은 이성을 지닌 이에게 특별한 가치를 부여하며, 어떤 목적에 대해서도 이성 이외에 의지할 다른 것을 찾을 필요가 없도록 해 줍니다. 이리하여 학문의 형식으로 격상된 지식은 또한 힘이기도 합니다. 그러한 지식은 어떤 종류의 탁월함이든 그 자체로 탁월한 것에 그치는 것이 아니라 그 이상의 무엇, 그 자체를 넘어서는 결과를 만들어 냅니다. 이는 의심할 여지없이 분명하나, 지금 이 논의의 범위를 벗어난 주제지요. 나는 단지 그러한 지식이 힘이기 이전에 이미 하나의 선이라는 것을, 그것이 수단일 뿐 아니라 하나의 목적이라는 것을 말하고자 할 따름입니다. 물론 나도 지식이 어떤 기술의 일부로 흡수되어 어떤 기계적 과정에서 마무리되며 유형의 결실을 만들어 낼 수 있다는 것을 잘 압니다. 그러나 또한 지식은 자신에게 정보를 제공하는 이성으로 돌아와 의지하며 철학이 될 수도 있습니다. 전자의 경우는 유용한 지식이라 불리며, 후자는 자유로운 지식이라 불립니다. 한 사람이 동시에 두 가지 방식으로 지식을 갈고닦을 수도 있으나, 이 점 역시 이 논의의 주제와는 무관합니다. 여기서 내가 하고자 하는 말은 지식을 사용하는 방법이 두 가지라는 것, 그리고 사실상 어느 한 방법으로 지식을 사용하는 사람이 또 다른 방법으로 사용하는 일은 좀처럼 없고, 있다 해도 매우 제한적인 정도라는 것입니다.

여기서 제시되는 교육 방법은 두 가지입니다. 하나의 목적은 철학적 교육이고, 다른 하나의 목적은 기계적 교육이지요. 전자는 일반적 개념들을 향해 상승하고, 후자는 구체적이고 외부적인 것에서 소진됩니다. 내가 유용한 기술, 즉 기계적 기술에 속하는 구체적이고 실용적인 것에는 관심을 기울일 필요가 없다고 주장하거나 거기서 얻는 혜택을 경시하는 것이라고는 생각하지 마십시오. 그런 기술이 없다면 삶이 이어질 수 없고 우리는 그런 기술 덕택에 일상의 안녕을 누립니다. 또한 많은 사람이 그 기술을 실행하는 임무를 맡고 있고, 우리는 그 사람들에게 깊이 감사해야 하지요. 나는 다만 지식이 구체적인 것에 관심을 기울이면 기울일수록 그에 비례하여 점점 더 지식 자체에서는 멀어진다고 말하는 것입니다. 그것은 엄밀한 의미에서 지식이라는 것이 한갓 육체적 존재에 기반을 둔 것일 수 있는가 없는가에 관한 질문입니다. 내가 여기서 얼토당토않게 말의 형이상학적 정확성을 따지려 하는 것은 아닙니다. 하지만 짐승들도 갖고 있는 그러한 수동적인 감각 또는 지각을 지식이라는 이름으로 부르는 것은 부적절하다고 여겨집니다. 내가 말하는 지식이란 지적인 무엇, 감각을 통해 지각한 것을 이해하는 무엇, 대상들에 대한 일정한 관점을 취하는 무엇, 그리고 감각이 전달해 준 것 이상을 보는 것, 그것을 보면서 동시에 보는 것을 근거로 논리적 판단을 하는 것, 본 것에 개념을 부여하는 것을 뜻합니다. 그런 지식은 단순한 설명이 아니라 생략삼단논법*으로써 표현됩니다. 그것은 처음부터 학문의 본성을 지니고 있으며, 바로 여기에 지식의 위엄이 있지요. 지식이 어떤 결과를 만들어 내는지와 별개로 지식의 진정한 위엄과 가치와 바람직함은 지식의 학문적 과정 또는 철학적 과정이라는 싹에서 나옵니다. 바로 이렇게 해서 지식은 그 자체의 목적이 되며, 바로 이런 이유로 자유롭다고 불릴 수 있는 것입니다. 만물의 상대적인 성향을 모르는 것은 노예나 어린아이 같은 상태이며, 우주의 지도를 그려 내는 것은 철학의 자랑, 아니면 최소한 철학의 야심입니다.

---

* 대전제, 소전제, 결론으로 이루어진 삼단논법에서 어느 하나를 생략한 것을 말한다. "모든 사람은 죽는다. 소크라테스는 사람이다. 그러므로 소크라테스는 죽는다"라는 삼단논법을 "소크라테스는 사람이므로 죽는다"라고 표현하는 식이다. 전제가 확실한 사실이나 일반적 통념에 속할 경우 진부한 표현을 생략하고 표현을 명쾌하게 함으로써, 삼단이라는 형식적 논리보다는 논리적 내용의 핵심을 표현한다.

게다가 그런 지식은 단순히 외재적이거나 부수적인 이점들, 그러니까 오늘은 우리 것이었다가 내일은 다른 이의 것이 되는 그런 지식, 책에서 발견했다가도 쉽게 잊어버리는 지식, 우리의 즐거움에 맞추어 마음대로 사용하고 전파할 수 있는 지식, 때에 따라 빌릴 수도 있고 가지고 다닐 수도 있으며 시장으로 가져갈 수도 있는 그런 지식이 아닙니다. 자유로운 지식은 획득해낸 계몽이며 하나의 습관, 개인적 소유물, 내적인 자질입니다. 대학을 교습의 장소라 하지 않고 교육의 장소라고 말하는 것이 더 흔한 일일 뿐 아니라 더 정확한 일인 것은 바로 이런 이유 때문이지요. 지식에 관한 한 얼핏 보면 교습이 더 적절한 말처럼 보일 수도 있겠지만 말입니다. 예컨대 우리는 육체적 활동, 순수예술과 유용한 기술들, 무역, 사업 등에 대해서는 교습을 받습니다. 왜냐하면 이들은 무언가를 하는 방법들로서, 정신 자체에는 별로 혹은 전혀 영향을 미치지 않으며, 기억이나 전승 또는 특정한 용도에 내재한 규칙들 속에 포함되어 있으며, 외재적인 목적과 관련된 것이기 때문입니다. 그러나 교육은 그보다 더 높은 차원의 단어입니다. 교육이라는 말에는 우리의 정신적 본성에 작용하고 인격을 형성하는 것이라는 의미가 함축되어 있습니다. 그것은 개별적이고 영구적인 것이며, 흔히 종교와 미덕과 연관하여 이야기되지요. 그렇다면 지식의 전달을 교육이라고 말할 때, 우리는 그 지식이 정신의 한 상태 혹은 조건이라는 것을 암시하는 것이며, 정신의 도야는 분명 그 자체를 위해 추구할 가치가 있는 일이므로 우리는 '자유'와 '철학'이라는 단어가 이미 암시하는바, 즉 그로부터 아무런 결과물이 나오지 않더라도 그 자체로 바람직한 지식, 그 자체로 귀한 보물이며 수년간의 노고에 대한 충분한 보상이라는 그 결론에 다시 한번 도달하게 됩니다.

7

이것이 내가 이 논의를 시작하며 제시했던 질문에 대해 준비한 답입니다. 교회가 철학을 받아들일 때의 목적과 쓸모에 대해 말하기에 앞서, 나는 철학이 그 자체의 목적이라고 주장할 준비가 되어 있으며, 내가 생각하기에 나는 이미 그에 대한 증명을 시작했습니다. 단순히 어떤 쓸모를 지녔기 때문이 아니라 그 지식을 소유하는 자체만으로도 가치 있는 지식이 존재한다고 주장할 준비가 되었고, 오늘 나에게 시간이 얼마나 남아 있든 이 주제에 대해 일부 사람들이 가진 오해와 혼란을 제거하는 일에 그 시간을 다 쏟을 작정입니다.

다음과 같이 반박할 사람들도 있을 겁니다. 요컨대 지식 자체를 넘어서는 어떤 목적을 위해 지식을 추구한다고 공언한다면 그 목적이 무엇이든 그것은 납득할 수 있는 말이지만, 사람들이 뭐라고 말해 왔든, 그 관념이 시대와 시대를 거쳐 얼마나 완강히 토대를 유지해 왔든 간에, 다른 무엇도 아닌 지식 자체를 위해 지식을 추구한다는 말에는 여전히 아무 의미도 없다고 말입니다. 어쨌든 지식은 그 자체를 넘어선 무언가로 이어지니, 결국 그것이 지식의 목표이자 지식을 바람직한 것으로 만드는 원인이 아니냐는 것이겠지요. 게다가 목적에는 이 세상을 위한 목적과 다음 세상을 위한 목적이라는 이중의 목적이 있으며, 모든 지식은 현세에 대한 목적 혹은 영원에 대한 목적을 위해 갈고 닦는 것이라고요. 현세적 목적을 지향한다면 유용한 지식이라 불릴 것이고, 영원한 목적을 위한 것이면 종교적 지식 혹은 기독교의 지식이라 불리지요. 따라서 만약 내가 말하는 이 자유로운 지식이 앞에서 나도 인정했듯이 육체나 재산에 이로운 것이 아니라면, 영혼에라도 이로워야 한다고 말할 겁니다. 그러나 만약 실제로 그러하다면 그것은 한편으로는 육체적이거나 현세적인 선도 아니고 다른 한편으로 도덕적 선도 아니니, 결코 선이라고 할 수 없으며 그 지식을 얻는 데 필요한 고생을 할 가치가 없는 것이라고 말하겠지요.

그런 다음에는 내게 이 자유로운 지식 혹은 철학적 지식을 가르쳐 온 모든 시대의 스승들도 그러한 사실을 인지했고, 승복했다고 상기시켜 줄지도 모릅니다. 왜냐하면 그 스승들은 사람들을 도덕적으로 만들려고 시도해 왔거나, 아니면 적어도 정신을 갈고닦는 것이 덕이며, 자신들은 인류 중에서도 덕이 있는 부류라고 가정해 왔기 때문이라고 말할 것입니다. 그 스승들은 한편으로는 그렇게 공언하면서도 다른 한편으로는 그 공언을 지키는 데 완전히 실패했고, 그 결과 스스로 비난받을 일을 자초했고, 인류 중 근엄한 부류와 방탕한 부류 모두에게 웃음거리가 되고 말았다고 말입니다. 그럼으로써 그들은 다른 누가 수고할 필요도 없이, 스스로 자신에게 불리한 내용을 폭로할 기반과 수단을 마련해 둔 것이라고 하겠죠. 한마디로, 아테네가 세계의 대학이었던 시절부터 철학이 사람들에게 가르친 것은 실천하지 않으면서 공언하는 것, 이루지 못하면서 열망하는 것뿐이 아니냐고 다그칠 것입니다. 그들의 제자들 역시 그 심오하고 고결한 사상으로 유창한 말 외에 남긴 것이 없다고 할 것입니다. 오히려 그들이 인간의 병폐에 대한 가장 과감한 치료법을 내세웠을 때, 그들이 꾀했던 것은 교훈을 늘어놓아 우리를 잠재워 아무것도 느끼지 못하게 만드는 것뿐이었다고요. 듣기 좋은 바람 소리처럼, 아니 그보다는 황홀하게 만드는 진한 향수가 처음에는 가 닿는 모든 것에 달콤한 향을 퍼뜨리지만 잠깐만 지나면 기분 좋게 만들었던 그 강도에 비례해 불쾌만 남기는 것과 같다고요. 그들은 묻겠지요. 키케로가 변덕스러운 사람들에게서 인망을 잃었을 때 철학이 그에게 힘이 되어 주었느냐고요.[7] 아니면 세네카에게 폭군 황제에 맞서 반대할 용기를 주었느냐고.[8] 브루투스가 서글프게 고백했듯이 철학은 그가 가장 필요로 했을 때 그를 버렸고,[9] 카토의 찬미자가 기이하게도 자랑스럽게 말했듯 철학은 천국을 거부할 수밖에 없는 난처한 입장으로 카토를 몰아넣었다고 말입니다.[10] 그 스승들 가운데 철학 덕분에 방탕한 삶에서 벗어난 폴레몬[11] 같은 사람이나, 철학을 가질 수 있다면 세상을 다 잃어도 좋다고 생각한 아낙사고라스[12] 같은 이는 극히 소수에 지나지 않겠지요. 『라셀라스』*에 등장하는 철학자는 초인의 학설을 가르치고는, 인간적인 감정의 시련이 닥치자 아무 노력도 하지 않고 무너져 버렸다고 말이지요.

그 철학자에 관한 이야기 부분을 들어 봅시다. "그는 엄청나게 정력적으로 열정의 통제에 관해 말했다. 그의 표정은 공경심을 자아냈고 동작은 품위가 있었으며 발음은 명확하고 말투는 우아했다. 그는 다양한 예를 들고, 아주 강력한 감정을 담아, 열등한 능력이 고등한 능력보다 우세할 때 인간의 본성은 저하되고 타락한다는 것을 보여 주었다. 또한 열정을 제압하기 위한 다양한 수칙을 알려 주고, 두려움의 노예와 희망에 찬 바보의 상태에서 벗어나게 해 주는 중요한 승리를 거둔 사람들이 어떤 행복을 맛볼 수 있는지도 알려 주었다. (……) 천박한 자들이 선과 악의 속성으로 구분하는 쾌락과 고통에 아무 관심이 없고 그것들에 추호도 흔들리지 않은 많은 영웅의 예도 열거했다."

그러나 며칠 후 라셀라스는 반쯤 어두운 방 안에

---

* 새뮤얼 존슨이 1759년에 발표한 행복과 무지에 관한 풍자
소설. 『아비시니아의 왕자 라셀라스 이야기』(The History
of Rasselas, Prince of Abissinia)

235

서 창백한 얼굴에 눈물이 맺힌 철학자를 발견했지요. "왕자님, 모든 사람의 우정을 다 모아도 아무 소용이 없는 때에 오셨군요. 제가 받은 고통은 치유될 수 없고, 제가 잃은 것은 다시 채울 수 없습니다. 저의 딸, 하나뿐인 제 딸, 그 상냥함으로 내 노년의 위안을 기대하게 했던 제 딸이 어젯밤 열병으로 죽었습니다." "선생, 죽음은 현명한 사람에게 결코 놀라움을 줄 수 없는 일입니다. 우리는 언제나 죽음이 가까이 있다는 것을 알고 있고, 그러니 언제나 예상하여야 하지요." 그러자 철학자가 대답했습니다. "젊은 분이시여, 이별의 쓰라린 아픔을 한 번도 느껴 보지 않은 사람처럼 말씀하시는군요." 이에 라셀라스가 말합니다. "그렇다면 당신이 그토록 강력하게 주장했던 그 수칙을 잊으신 겁니까? (……) 생각해 보시오. 외적인 것은 변하는 것이 당연하지만, 진리와 이성은 언제나 변함이 없습니다." 하지만 딸을 잃은 아버지는 이렇게 말하지요. "진리와 이성이 제게 어떤 위안을 줄 수 있습니까? 나의 딸이 절대 다시 살아나지 못할 걸 인식하게 만드는 것 외에 그것들이 지금 내게 해 줄 수 있는 것이 무엇이란 말입니까?"

8

자신을 실제와 다르게 꾸며 다른 사람을 속이고, 자신의 실제 모습으로 다른 사람을 분개하게 만드느니 차라리 아무런 공언도 하지 않는 것이 훨씬 더 낫다고 여러분은 말하겠지요. 감각주의자들 혹은 현실적인 처세에 능한 사람들은 어쨌든 고상한 언어 같은 것에 연연하지는 않으며 현실을 추구하고 현실을 손에 넣는다고요. 여러분은 말할 것입니다. 유용성의 철학은 적어도 제 할일은 해냈다고요. 나도 인정합니다. 그 철학은 낮은 목표를 잡았지만 어쨌든 그 목표는 달성했지요. 유용성 철학의 주창자였던 엄청난 지성의 소유자 프랜시스 베이컨[13]이 자신이 공언한 바와는 다른 속내를 갖고 있었다면, 그의 철학은 그를 친구들에게 진실하게도, 자신의 신념에 충실하게도 만들지 못했을 것입니다. 도덕적 미덕은 그의 교육이 추구하는 노선이 아니었지요. 그리고 그가 어느 시인*의 말대로 인류 가운데 가장 "비열한" 사람이었다 해도, 그의 비열함은 그의 사적인 영역 안에 있는 것이며, 그 때문에 귀납법에 대해 선입견을 품을 필요는 없습니다. 동굴의 우상이나 극장의 우상**이 말하는 바와 정반대되는 것이

* 알렉산더 포프(Alexander Pope, 1688~1744). 『인간론』 (Essay on Man)에서 프랜시스 베이컨을 "인류 가운데 가장 현명하고, 가장 총명하며, 가장 비열한" 사람이라고 썼다.
** 베이컨이 말하는 4가지 우상(종족, 동굴, 시장, 극장의

라도 자신이 원하는 거라면 그것을 선택할 권리가 그에게는 있었습니다. 그의 사명은 육체적 즐거움과 사회적 안락함을 배가시키는 것이었고, 그는 자신의 구상과 계획을 무시무시할 정도로 경이롭게 완수했지요. 그가 심은 지식이라는 마법의 나무에서는 거의 매일 새로운 싹이 트고 봉오리가 돋고 꽃이 피며 그것은 곧 열매를 맺었습니다. 그리고 우리 중에 몹시 가난한 사람을 제외하면 현재 자신의 삶까지는 아니라도, 적어도 일용할 양식과 건강과 전반적인 안녕을 그 지식의 나무에 빚지지 않은 이는 없을 것입니다. 그는 우리 모두에게 너무나도 위대한 현세적 혜택을 주는, 마치 신이 내린 것 같은 존재였고, 그 혜택은 너무도 큰 것이어서, 내가 한 사람의 인간으로서 그에 대해 어떤 판단을 내리건 간에, 그 판단과는 별개로 그저 고마운 마음만으로도 그에 대해 심한 말을 할 자신이 없습니다. 그리고 오늘 우리가 살펴본 것처럼 그의 철학은 신학을 격하하거나 짓밟는 경향이 있음에도 불구하고, 그 자신은 마치 그런 경향에 대한 예언자적 불안이라도 느낀 듯, 신학이 선하신 하느님 아버지의 도구라는 주장을 펼치는 글도 열심히 썼습니다. 그 선하신 하느님은 가

우상) 중 동굴 우상은 각 개인이 자기 경험의 한계에 갇혀 갖게 된 선입견을 말하며, 극장 우상은 학문의 체계나 학파에서 생기는 것으로 권위를 맹목적으로 따르는 것을 말한다.

시적 형상으로 이 땅에 오셨을 때 가장 먼저, 그리고 가장 두드러지게, 인간 육신의 상처를 낫게 하는 일을 하셨지요. 실로 그 이야기*에 나오는 늙은 의사처럼 "쾌활한 표정으로 경건한 노래를 콧노래로 흥얼대며 앉아서 부지런히 일"하셨죠. 그런 다음 "노래를 부르며 들판으로 나갔는데, 노래를 어찌나 즐겁게 부르는지 멀리서 보는 사람은 그가 아침 이슬에 젖은 치료용 약초를 캐는 늙은 의사가 아니라 연인에게 줄 꽃을 따는 청년이라고 생각할 정도였다"는 그 의사처럼 말입니다.

아아, 사람들은 그저 살아가고 있을 때나 그들의 가장 진실한 마음속에서는, 강한 흥분의 순간이나 천재적인 번득임으로 황홀경이나 도취에 빠져 있을 때의 그들과는 다릅니다. 정말 선하고, 정말 고상하고, 정말 평온하지요! 아아, 베이컨 역시 방식은 다르지만, 불리한 상황에 처한 탓에 일관성을 지키지 못했던, 그리고 그들이 실천하지 않은 행동보다는 그들이 한 말로 우리에게 더 경이를 안겨 주는 저 이교도 철학자들과 결국 한 무리인 것이지요! 아아, 그 역시 소크라테스나 세네카처럼, 그 곱던 고귀함의 망토를 빼앗겨야 했고, 그리 당당하고 엄숙한 글들을 남기고도 조롱거리가 되어

---

* 독일 낭만주의 작가 프리드리히 드 라 모트 푸케(Friedrich de la Motte Fouqué)의 단편소설 「미지의 환자」(Der unbekannte Kranke)를 이른다.

야 했으며, 엄청난 능력을 지니고도 자신의 빈약한 도덕성으로 자기 학파의 지적인 편협함이라는 전형적 특징을 보여 준 것입니다! 그러나 이 모든 것을 인정하더라도, 어차피 그의 철학은 영웅주의는 아니었지요. 나는 그가 자신이 제안했던 것을 충분히 넘치도록 성취해 냈음을 부인할 수 없습니다. 그의 철학은 그저 가장 많은 사람에게서 가장 효과적으로 육체적 불편과 현실적 결핍을 제거해 주는 하나의 방법론이었고, 그 방법론의 힘이 소진된다는 신호가 나타나기도 전에 이미, 그 방법론에 힘입어 지구상의 모든 지역에서 형태가 대단히 기이하고 호화로울 정도로 다양하고 풍성한 자연의 선물이 우리의 문 앞까지 당도했고 우리가 그것들을 향유하고 있다는 것은 부인할 수 없는 사실이니까요.

9

그러니 유용한 지식은 제 할일을 다 한 것이라는 말이지요. 나도 인정합니다. 그러나 자유로운 지식은 유용한 지식만큼 확실하게 제 할일을 하지 못했다는 말은, 그 반대자들이 가정하듯이 자유로운 지식이 종교적 지식과 마찬가지로 사람을 더 나은 존재로 만드는 것을 직접적인 목표로 한다는 가정에 따른 것입니다. 하지만 나는 자유로운 지식이 그런 목표를 갖고 있다는 가정은 단 한 순간도 인정할 수 없습니다. 그리고 그 가정을 인정하지 않는다면, 그 반대자들이 한 말은 요점을 빗나간 것입니다. 그러나 어쨌든 나는 그들이 강력히 주장해 온 바대로 자유로운 지식이 사람을 더 나은 존재로 만들지 못한다는 것은 인정합니다. 아니 오히려 그것을 한층 더 강력히 주장합니다. 자유로운 지식을 옹호하는 사람이든 반대하는 사람이든, 그 지식에 미덕이나 종교의 짐을 지우는 것은 기계적 기술의 짐을 지우는 것만큼이나 확실한 착오라고 말할 것이고, 이는 내가 주장하는 바이기도 하기 때문입니다. 자유로운 지식의 직접적인 책무는 방직기를 돌리거나 증기기관차를 움직이는 것이 아닐 뿐 아니라, 유혹에 맞서도록 영혼을 단단하게 만드는 것도, 고통에 빠진 영혼을 위로하는 것도 아닙니다. 그 지식이 아무리 물질적·도덕적 발전의 수단 혹은 조건이라고 하더라도, 여전히 그 지식 자체로는 마음의 상처를 낫게 해 주지도, 현실의 환경을 개선해 주지도 않습니다. 만약 자유로운 지식을 찬미하는 사람들이 그 지식이 그런 힘을 갖고 있다고 주장한다면, 그들은 정치경제학자가 자신의 학문에서 궤변술 혹은 외교술 교육을 받았다고 주장하는 것과 똑같이 남의 영역을 침범하는 실수를 저지르는 것입니다. 지식과 미덕은 서로 별개의 것이며, 분별력은 양심이 아니고, 섬세함은 겸손이 아니며, 관대하고 공정한 시각은 신앙이 아닙니다. 아무리 깨어 있고 아무리 심오한 철학이라도 열정에 대한 통제력이나 실질적인 추진력이나 활력을 주는 원칙들을 제공해 주지는 않습니다. 자유학문의 교육은 개신교 신자나 가톨릭 신자로 만들어 주는 것이 아니라 신사로 만들어 주는 교육입니다. 신사가 되는 것은 좋은 일이고, 교양 있는 지성과 세련된 취향, 솔직하고 공정하며 공평한 정신, 품위 있고 예의 바른 삶의 태도를 갖는 것은 좋은 일입니다. 이런 것들이 대학의 목표입니다. 나는 이 목표들을 옹호하고, 이 목표들에 관해 설명하고 꼭 그것을 목표로 삼아야 한다고 주장할 것입니다. 하지만 반복하건대, 저 특징들은 거룩함도, 심지어 양심적인 태도도 보장하지 않습니다. 그런 특징들은 처세에 능한 사람, 부도덕한 사람, 무자비한 사람에게도 있을 수 있고, 안타깝게도 그 특징들로 장식하고 있으면 그들도 유쾌하고 매력적인 사람으로 보입니다. 그 특징들만 따로 떼어 내서 보면, 정말로 그들은 실제의 자신과는 다른 존재로 보입니다. 멀리서 보면 미덕처럼 보이지요. 하지만 오래도록 꼼꼼히 관찰하는 사람에게는 실체가 드러나기 마련입니다. 저 특징들이 사람들에게서 허세와 위선이라는 비난을 받는 것은, 반복하지만, 그 특징들 자체가 잘못된 것이어서가 아니라, 그 특징들을 지녔다고 공언하는 이들과 그것을 찬미하는 이들이 계속해서 그 특징을 실제 모습 그대로 받아들이지 않고, 거기에 당치 않은 찬사를 갖다 붙이며 위세를 부리기 때문입니다. 면도날로 화강암을 채석하거나, 비단실 한 올로 선박을 잡아매 보십시오. 그럴 수 있다면 당신은 인간의 지식과 이성이라는 예리하고 섬세한 도구를 가지고 인간의 열정과 자부심이라는 거대한 괴물을 상대로 싸울 수 있다는 희망을 품어 볼 수도 있을 겁니다.

물론 우리가 이런 이론들을 살펴본 것은 자유지식의 가치와 위엄을 입증하기 위한 것이 아닙니다. 실제로 자유지식의 훌륭함을 떠받치는 근거는 그렇게 미묘하거나 심오한 것도, 기이하거나 개연성 없는 것도 아닙니다. 물론 아주 이해하기 쉽게 말할 수 있는 것이기도 하지요. 지금 바로 그 말을 하려 합니다. 그러니까 원래 자유교육이란 단순히 지성을 갈고 닦는 것 그 자체를 말하며, 그 목표는 지적인 탁월함 그 이상도 이하도 아닙니다. 모든 것은 수준의 높낮이에 상관없이 그 자체의 완벽함을 지니고 있고, 어느 하나의 완벽함은 다른 것의 완벽함과는 다릅니다. 생명이 있는 것이나 없는 것, 눈에 보이는 것이나 보이지 않는 것 모두가 각자의 기준에서 좋은 것이며, 자신만의 **가장 좋은** 상태를 가지고 있으며, 그것이 바로 추구할 목표입니다. 여러분은 뜰이나 정원을 왜 그리 수고스럽게 보살핍니까? 여러분은 산책로와 잔디와 관목을, 나무와 마찻길을 돌보지요. 과수원을 만들겠다거나 옥수수밭을 경작하겠다거나 목초지를 가꾸겠다는 의도가 아니라, 나무와 물, 평원, 비탈이 하나의 전체로 어우러질 때 거기에 특별한 아름다움이 있기 때문이지요. 여러분의 도시, 궁전, 공공건물, 영지의 저택, 교회는 아름답습니다. 그리고 그 아름다움은 그것을 넘어서는 다른 무엇으로도 이어지지 않습니다. 물질적인 아름다움과 도덕적인 아름다움이 있고, 사람의 아름다움이 있고, 타고난 덕인 도덕적 존재의 아름다움이 있습니다. 마찬가지로 지성에도 아름다움이 있고 완벽이 있지요. 다양한 주제에는 각자의 이상적인 완벽이 있으며, 그것은 개별 주제가 각자 지향하는 이상이자 모든 주제의 표준입니다. 그리스 신들과 반신들의 조상彫像은 대칭을 이룬 체형과 넓은 이마 등 전형적인 특징들로써 육체적 아름다움의 완벽한 이상을 표현하지요. 역사로 전해지는 알렉산드로스와 카이사르, 스키피오, 살라딘 같은 영웅들은 위대한 인간 본성인 큰 도량이나 극기를 표상하는 인물들입니다. 기독교에도 그 초자연적 질서 속의 영웅들이 존재하며 우리는 그들을 성인이라 부릅니다. 예술가는 형태와 선의 아름다움을 찾고, 시인은 정신의 아름다움을, 설교자는 은총의 아름다움을 찾습니다. 그러니 다시 말하지만 지성에도 지성만의 아름다움이 있고, 그 아름다움을 목표로 삼는 이들이 있습니다. 정신의 빗장을 열고 정신을 교정하고 정제하며 정신이 앎을 추구할 수 있게 하고 그 지식을 소화하고 통달하고 제어하며 사용하는 것, 그리고 정신 자체의 능력들, 적용, 유연성, 방법, 비판적 정확, 명민함, 역량,

수완, 유창한 표현에 대한 장악력을 부여하는 것, 이런 것들이 쉽게 이해할 수 있는 자유교육의 목표입니다.(여기서 우리가 알고자 하는 것은 자유교육의 목표가 어떤 가치를 지니느냐 하는 것이나 교회가 자유교육을 어떤 용도로 사용하는가가 아니라, 그 자체의 목적이 무엇인가 하는 것이니 말이지요.) 그러니까 그것은 덕을 기르는 것만큼 이해하기 쉬운 목표입니다만, 동시에 그것과는 완전히 구별되는 목표이기도 합니다.

10

그 목표는 사실 아주 현세적인 것이며, 일시적으로만 소유할 수 있는 것입니다. 하지만 우리가 중시하고 추구하는 다른 것들 모두 마찬가지지요. 도덕주의자들은 인간이란 아무리 많은 능력을 갖추고 있다 해도 결국 피었다 시들어 버리는 한 송이 꽃에 지나지 않는다고 말할 것입니다. 물론 인간에게 숨결을 불어넣어 주고 그 숨결로써 그 사람과 그의 존재를 불멸의 것으로 만들어 주는 더 높은 차원의 원리가 없다면 말입니다. 육신과 정신은 신의 관대함이 주는 선물에 의해 영원한 존재의 상태로 옮겨 가지요. 하지만 처음에는 스러져 가는 세상 속에서 육신과 정신 역시 스러져 갈 수밖에 없습니다. 만약 지성의 힘이 쇠퇴한다면, 육신의 힘은 이미 그 전에 쇠퇴했다는 의미입니다. 그리고 병원이나 빈민구호소가 아무리 덧없고 일시적인 목표를 위한 것이기는 해도 종교에 기여함으로써 신성해질 수 있는 것처럼, 대학 역시 분명 그럴 수 있습니다. 비록 그 기여가 지금까지 내가 묘사한 것 이상은 아니라도 말입니다. 우리는 이 세상을 잘 사용함으로써 천국에 도달하고, 우리의 본성을 원래대로 되돌림으로써가 아니라, 본성 이상의 것을 본성에 추가함으로써, 그리고 본성을 그 자신의 목적보다 더 높은 목적으로 향하게 함으로써 우리의 본성을 완성합니다.

잃어버린 배움의 도구들

도로시 L. 세이어즈(Dorothy Leigh Sayers,
1893~1957)

도로시 L. 세이어즈는 영국의 소설가이자 시인, 극작가, 기독교 사상가, 문학비평가, 에세이스트, 고전 언어와 현대 언어를 두루 섭렵한 학자이자 번역가이다. 발표한 작품 가운데 가장 유명한 것은 아마추어 탐정 피터 윔지 경이 주인공으로 등장하는 추리소설 시리즈이며 오늘날까지도 인기를 끌고 있다. 그러나 본인이 가장 자랑스러워 한 일은 단테의 『신곡』을 번역한 것이다.

　1893년 옥스퍼드에서 태어났고 성공회 목사인 아버지에게서 여섯 살 때부터 라틴어를 배웠다. 1909년부터 솔즈베리의 기숙학교 고돌핀스쿨에서 공부했으며, 1912년에 옥스퍼드 서머빌칼리지에 장학생으로 입학해 현대 언어와 중세 문학을 공부하고, 1915년에 1등급 학사학위를 받았으며, 1920년에는 석사학위를 받았다. 가장 행복했던 시절로 서머빌 재학 기간을 꼽는 세이어즈는 옥스퍼드에서 학위를 받은 최초의 여성 중 한 명이다. 졸업 후에는 블랙웰출판사에서 일했고, 이어서 런던의 광고회사 S. H. Benson Ltd.에서 1922년부터 1931까지 카피라이터로 일했다.

　1923년에 첫 장편소설 『시체는 누구?』Whose Body로 '피터 윔지 경'을 처음 세상에 내놓은 이래, 피터 윔지 경 시리즈로 총 14편의 장편 및 단편 소설을 발표했다. 다수의 소설, 드라마, 시 외에도 기독교인 예술가의 과제에 관한 책 『창조자의 정신』The Mind of the Maker, 종교에 관한 에세이집 『신념인가 혼란인가』Creed or Chaos, 페미니즘 에세이 『여성은 인간인가?』Are Women Human? 등 많은 저서가 있다. 1930년대 말이 되자 돌연 추리소설 쓰기를 그만두고 종교적 드라마와 에세이 집필, 번역으로 돌아섰다. 이탈리아 고어를 독학하여 단테의 『신곡』을 번역한 것인데, 1948년에 갓 출범한 펭귄클래식 시리즈에서 『지옥』편을 발표하고 1955년에 『연옥』편을 발표했다. 그러다 갑자기 1957년에 뇌졸중으로 사망하면서 『천국』편은 완성하지 못했고, 친구인 바바라 레이놀즈가 이어서 완성했다. 세이어즈의 번역이 특별한 점은 이탈리아어의 운율을 최대한 살리고, 각 곡마다 자세한 주석을 달아 신학적 의미를 해설했다는 것이다. 움베르토 에코는 『생쥐인가 쥐인가』Mouse or Rat?라는 책에서 여러 영어 번역 가운데 '부분적으로라도 11음절과 운율을 가장 잘 살린 것'은 단연 세이어즈였다고 평가했다. 이후 여러 새로운 번역이 나왔음에도 펭귄북스는 여전히 세이어즈의 번역판을 출간하고 있다.

「잃어버린 배움의 도구들」은 1947년에 옥스퍼드대학에서 한 강연문이다. 세이어즈는 제2차세계대전 이후 영국에서 벌어지던 교육개혁 프로그램에 반대하며, 제대로 교육받은 지적인 사회를 만들기 위해서는 과거의 교육 방법을 되살려야 한다고 말한다. '자유학문'을 '배움의 도구'라는 관점에서 풀어낸 이 강연을 통해, 실제로 과거에 자유학문을 공부했던 이유와 방식, 현대 교육의 허점과 지향점까지 생각해 볼 수 있다.

가르쳐 본 경험이 일천한 내가 교육에 관해 논하겠다고 나서는 것이 양해를 구해야 할 일은 결코 아닐 것입니다. 오늘날의 여론 풍조에서는 이런 행동도 순전히 호의적으로 받아들여질 거라 생각합니다. 요즘엔 주교들이 경제에 관한 의견을 말하고, 생물학자가 형이상학에 관해, 무기화학자가 신학에 관해 의견을 말하며, 전혀 무관한 사람들이 고도로 기술적인 부처에 임명되고, 직설적이고 퉁명스러운 사람들은 신문에 엡스타인과 피카소는 그림 그리는 방법을 도통 모르는 사람들이라고 써 보내니까요. 어느 정도까지는, 그리고 비판을 제시할 때 적절히 겸손한 태도를 취하기만 한다면 이런 활동은 권장할 만합니다. 지나친 전문화는 그리 좋은 것이 아니에요. 교육에 관해서는 순전한 아마추어라도 의견을 가질 자격이 있다고 느껴도 될 아주 타당한 이유가 또 하나 있습니다. 우리가 모두 전문적인 교사는 아니지만, 누구나 어느 정도의 기간은 교육을 받았기 때문이지요. 배운 게 아무것도 없더라도, 아니 배운 게 아무것도 없는 사람이라면 특히 더 이 논의에 기여할 수 있는 잠재적 가치를 지니고 있을지도 모릅니다.

오늘 나는 엄밀히 말해 '가르침'이라 불리는 주제에 관해 이야기해 보려 합니다. 그러나 내가 제안하는 개혁들이 실행될 가능성은 지극히 미미할 겁니다. 학부모들도, 대학도, 시험위원회도, 주지사도, 교육부도 한순간도 내 제안을 지지하지 않을 테니까요. 그 제안이란 것을 간추리자면, 우리가 현대 사회의 복합적인 압력 아래서도 지적인 자유를 유지할 능력을 갖춘 교육 받은 사람들의 사회를 만들고자 한다면, 진보의 바퀴를 400~500년 전으로, 교육이 그 진정한 목적을 잊어버리기 전인 중세 말기로 되돌려야 한다는 것이니 말입니다.

이 말을 들으면 여러분은 나를 반동주의자나 낭만주의자, 중세주의자 혹은 과거 찬미자라고 부르거나 제일 먼저 머리에 떠오르는 아무 꼬리표나 갖다 붙이며 내 말을 무시해 버리고 싶을지도 모릅니다. 하지만 그러기 전에, 어쩌면 우리 모두의 의식 뒤쪽 한구석에서 늘 어슬렁거리고 있다가 이따금씩 튀어나와 우리에게 우려를 안기는 잡다한 질문 몇 가지에 대해 함께 생각해 보자고 요청하고 싶습니다.

예컨대 튜더 왕조 시대(1485~1603)처럼 청소년들이 놀라울 정도로 이른 나이에 대학에 들어갔고, 대학에 들어간 후로는 자기 일은 스스로 책임지기에 적합하다고 여겨졌던 시절을 생각해 볼 때, 오늘날 우리가 지적인 아동기와 청소년기를 육체적 성숙이 완료된 시기까지 인위적으로 연장하고 있는 것이 여러분은 전혀 불편하게 느껴지지 않습니까? 책임의 수용을 뒤로 미루는 일에는 정신의학자들의 관심을 불러일으키기만 할 뿐, 개인에게도 사회에도 이로울 게 거의 없는 몇 가지 심리적 문제가 따라붙지요. 학교 공부를 마치는 연령을 뒤로 미루고 전반적인 교육 기간을 연장해야 할 이유로 사람들이 내세우는 판에 박힌 주장은, 지금은 중세 때보다 배울 것이 훨씬 많아졌다는 것입니다. 부분적으로는 맞지만 전적으로 맞는 말은 아니에요. 현대의 아이들은 확실히 중세의 아이들보다 더 많은 과목을 배우지만, 그것이 언제나 실제로 아는 게 더 많다는 의미이기도 할까요?

서유럽에서 식자율이 그 어느 때보다 높아진 오늘날, 사람들이 광고와 대중선전의 영향에 지금까지 들어 본 적도 상상해 본 적도 없는 정도로 심하게 좌지우지된다는 사실이 기이하다거나 딱하다고 느껴 본 적 없습니까? 여러분은 이런 상황을 언론과 라디오 같은 매체 때문에 선전을 더 넓은 지역으로 더 쉽게 유포할 수 있게 되었다는 단순한 기계적 사실 탓으로 돌리십니까? 혹시 현대 교육법의 산물인 그 사람들이 의견과 사실을, 입증된 것과 개연성 있는 것을 구별하는 능력이 더 떨어진 것 같다는 불안한 의심을 품어 본 적은 없습니까?

아마도 책임감이 있을 거라 짐작되는 성인들이 토론하는 것을 들으면서, 평균적 토론자가 논의 주제에 관해 논하거나 상대방의 주장을 듣고 반박하는 능력이 어이가 없을 정도로 떨어진다는 사실에 조마조마함을 느껴 본 적은요? 혹은 위원회 회의에서 전혀 무관한 안건이 제시되는 경우가 너무나 많다는 사실에 대해, 위원회의 의장 역할을 제대로 수행할 수 있는 사람들이 너무나도 드물다는 사실에 대해 깊이 생각해 본 적은 없으신가요? 그리고 그런 문제를 볼 때, 공적인 일들이 대부분 토론이나 위원회 회의들로 처리된다는 사실을 생각하면서 어쩐지 심장이 철렁 내려앉는 것 같은 느낌을 받은 적은 없으세요?

신문이나 다른 어딘가에 실린 논의의 흐름을 따라가다가 필자가 자신이 사용하는 용어를 제대로 정의하지 못하는 경우가 얼마나 많은지 알아차렸던 적은 없습니까? 혹은 필자가 자신이 사용한 용어를 정의했을 때, 그 글에 응답하는 글을 쓴 다른 누군가가 필자가 앞서 정의한 것과 정반대의 의미로 그 용어를 사용하는 것을 본 적은 얼마나 많은가요? 뒤죽박죽된 구문이 너무 많이 쓰이고 있다는 사실에 살짝 마음이 불편해졌던 적은 없습니까? 만약 있다면 여러분의 마음이 불편해진 것은 그 글이 유려하지 않았기 때문인가요, 아니면 위험한 오해를 불러일으킬 여지가 있었기 때문인가요?

젊은이들이 학교를 마친 뒤에는 배운 내용을 대부분 잊어버릴 뿐 아니라(이는 당연히 예상되는 일이죠), 새로운 과목을 접했을 때 스스로 학습하는 방법까지 잊어버리거나 혹은 한 번도 그런 학습법을 알았던 적이 없다는 것을 드러내는 걸 본 적은 없습니까? 문헌자료로써 제대로 뒷받침된 건전하고 학술적인 책과 교육받은 사람의 눈에는 그런 책이 아니라는 게 너무나 명백히 보이는 책을 전혀 구별하지 못하는 것 같은 성인 남녀를 보고 답답함을 느낀 적은요? 혹은 장서 목록 사용법을 모르는 사람이나, 참고서적을 펼쳤을 때 자기가 알고 싶어 하는 특정 질문과 관련된 부분을 찾을 줄 모르는 기이한 무능력을 보이는 사람을 보고서 딱하게 느꼈던 때는 없나요?

평생 동안 하나의 '과목'은 다른 모든 '과목들'과 물샐 틈 없는 격벽으로 분리된 하나의 '과목'으로만 남아 있어서, 머릿속에서 예컨대 대수학과 탐정소설, 하수처리와 언어의 가격, 혹은 좀 더 일반적으로, 철학과 경제학 또는 화학과 미술 같은 지식의 영역 사이를 연관 짓는 것을 너무나도 어려워하는 사람들은 얼마나 자주 보십니까?

성인 남녀가 읽으라고 성인 남녀가 쓴 글을 읽으며 종종 혼란에 빠지는 일은 없습니까? 얼마 전 한 유명한 생물학자가 어느 주간지에 "그것은 창조주의 존재를 반박하는 논거다"라는 취지의 글을 쓴 것을 보았습니다. 사실 그는 그보다 더 세게 표현했지만, 안타깝게도 내가 그 신문을 어디 뒀는지 찾지 못해서 좀 순한 표현으로 그의 주장을 옮겨 보겠습니다. "자연선택이 만들어 낸 것과 동일한 종류의 변이들을 가축 사육자들도 뜻대로 만들 수 있다는 것은 창조주의 존재를 반박하는 논거다." 그것은 오히려 창조주의 존재를 증명하는 논거라고 말하고 싶은 유혹을 느낄 사람도 있을 것입니다. 물론 둘 다 아닙니다. 그 사실이 증명하는 것이라고는 동일한 물질적 원인, 즉 잡종교배에 의한 염색체의 재조합이 겉으로 표현된 모든 변이를 충분히 설명한다는 점뿐입니다. 이는 동일한 수십 개의 음을 다양하게 조합하면 베토벤의 「월광 소나타」도 충분히 만들 수 있고 고양이가 건반 위를 걷는 소리도 충분히 만들 수 있는 것과 마찬가지지요. 그렇다고 고양이의 연주가 베토벤의 존재를 증명하거나 부정하는 것은 아니지 않습니까. 그리고 그 생물학자의 주장으로 증명된 것은 그가 재료와 목적인目的因을 구별하지 못한다는 사실뿐입니다.

　이번에는 『타임스 리터러리 서플러먼트』Times Literary Supplement라는 학술적인 잡지의 제1면에 실린 한 문장을 인용해 보겠습니다. "프랑스 사회학자 알프레드 에스피나는 예를 들어 개미나 말벌 같은 특정 종들이 삶과 죽음의 공포를 오직 군집 단위로서만 직면할 수 있다고 지적했다." 나는 그 프랑스인이 실제로 뭐라고 말했는지는 모르지만, 그 프랑스인이 말했다고 전한 그 영국인의 말은 명백히 무의미합니다. 우리는 개미가 삶에 대한 공포를 느낄 수 있는지 없는지 알지 못하며, 창틀에 홀로 앉아 있다가 우리의 손에 잡혀 죽는 말벌이 죽음의 공포를 '직면'한다거나 '직면'하지 않는다는 말에 어떤 의미가 담겨 있는지 알 수 없습니다. 그 글의 주제는 인간의 집단행동이며, 인간의 동기에 관해서는 주 명제로부터 그것을 뒷받침하는 예시로 유연하게 끌고 갔습니다. 그 글의 필자는 자신이 증명하고자 하는 바를 사실상 전제하고 들어갔는데, 이런 사실은 그 논의를 형식적 삼단논법으로 제시하면 곧바로 명백히 드러납니다. 이는 모든 책, 특히 과학자들이 형이상학적 주제에 관해 쓴 책들에 널리 퍼져 있는 병폐의 아주 작고 허술한 예 중 하나일 뿐입니다.

『타임스 리터러리 서플러먼트』의 같은 호에 실린 글을 하나 더 인용하면 우리를 찜찜하게 만드는 생각들을 마구잡이로 모아 놓은 이 부분을 마무리하는 데 아주 적합할 것 같네요. 리처드 리빙스턴 경의 『교육의 몇 가지 과제』Some Tasks for Education에 대한 서평에서 인용한 글입니다. "저자는 최소한 한 가지 과목을 집중적으로 공부하는 일의 가치가 무엇인지 독자들에게 몇 차례 상기시킨다. 그렇게 공부해야 지식의 의미와 지식을 획득하는 데 필요한 엄밀함과 끈기를 배울 수 있다는 것이다. 하지만 책의 또 다른 부분들에서는, 한 분야에서 완전히 통달한 사람이 다른 분야에서는 평범한 이웃보다도 더 나은 판단력을 보여 주지 못하는 한심한 현실에 대한 인식도 잘 보여 준다. 그런 사람은 자기가 무엇을 배웠는지는 기억하지만 그것을 어떻게 배웠는지는 완전히 망각한다."

서평자가 "한심한 현실"이라고 적절하게 표현한 상황에 대한 설명이 있는 마지막 문장에 주의를 기울여 주기 바랍니다. 즉 교육으로 얻은 지적인 기술을 그 지식을 습득했던 과목 외에 다른 과목에는 쉽게 적용하지 못한다는 것이지요. "자기가 무엇을 배웠는지는 기억하지만 그것을 어떻게 배웠는지는 완전히 망각한다."

이것이 오늘날 우리 교육의 가장 심각한 결함이

아닐까 생각합니다. 내가 앞에서 언급한 각종 심란한 징후를 통해 확인할 수 있는 그 결함은, 우리가 학생에게 '과목들'을 가르치는 일에는 대체로 성공하지만, 생각하는 법을 가르치는 일에서는 전반적으로 통탄스러울 정도로 실패하고 있다는 점입니다. 학생들은 온갖 걸 다 배우지만, 배움의 기술만은 배우지 못하지요. 이는 마치 어린아이에게 피아노로 「흥겨운 대장장이」The Harmonious Blacksmith를 연주하는 법은 기계적이고 경험적으로 가르치면서도 음계나 악보 읽는 법은 절대 가르치지 않는 것과 같습니다. 그러면 그 아이는 「흥겨운 대장장이」의 연주법을 다 암기하고도 「여름의 마지막 장미」The Last Rose of Summer는 어떻게 연주해야 하는지 전혀 감도 잡지 못하죠. 내가 왜 이런 예를 들었을까요? 실제로 어떤 예술과 기술에서는 정확히 이렇게 하고 있기 때문입니다. 아이에게 색채와 붓을 다루는 방법도 가르쳐 주지 않고 그림으로 "자신을 표현해 보라"는 요구부터 합니다. 이것이 어떤 일을 시작하는 올바른 방식이라고 믿는 학파도 있습니다. 그러나 잘 생각해 봅시다. 숙련된 공예가는 새로운 도구를 다루는 법을 처음 익힐 때 그런 식으로 하지 않습니다. 어떻게 해야 노력을 최소화하고 일을 제대로 처리할 수 있는지 경험을 통해 잘 알고 있는 노련한 공예가는 '그 도구가 주는 느낌을 스스로 느껴 보기' 위해 그 도구를 아무 데나 실험적으로 사용해 보는 것부터 시작합니다.

중세의 교육 체제

이제 중세의 교육 체제를, 즉 중세 학교의 교육요강syllabus을 살펴보겠습니다. 지금 우리에게는 그것이 어린이를 위한 요강인지 좀 더 나이 든 학생을 위한 요강인지, 또는 그 과정을 끝내는 데 시간이 얼마나 걸리는지 따위는 중요하지 않습니다. 중요한 것은 그 요강을 통해 중세 사람들이 교육과정의 목표와 올바른 순서에 대해 어떤 생각을 갖고 있었는지 알아내는 것이지요.

그 요강은 삼학Trivium, 사과Quadrivium의 두 부분으로 나뉘었습니다. 둘째 부분인 사과는 '과목들'로 구성되는데, 지금 우리의 관심사는 아닙니다. 우리에게 흥미로운 것은 사과보다 먼저 배우는, 사과를 배우기 위한 예비 학문인 삼학입니다. 삼학은 문법과 변증술, 수사학의 세 가지로, 이 순서대로 구성됩니다.

지금 가장 먼저 눈에 띄는 점은 이 '과목들' 가운데 둘은 우리가 '과목'이라 부르는 것이 아니라 과목을 다루는 방법일 뿐이라는 사실입니다. 문법은 분명 언어를(당시 언어는 라틴어였죠) 배우는 것이라는 점에서 '과목'이기는 하지요. 그러나 언어 자체는 단순히 생각을 표현하는 수단입니다. 그러니 결국 삼학 전체가 사실은 학생들에게 배움의 도구를 제대로 사용하는 방법을 가르쳐, 나중에 '과목들'을 배우는 데 그 방법을 적용하게 하기 위한 것이었습니다. 제일 먼저 학생은 언어를 배웠습니다. 외국어로 식사를 주문하는 방법만이 아니라, 한 언어의 구조를 배우고 그럼으로써 언어 자체를, 다시 말해 언어가 무엇이며 어떻게 만들어졌고 어떻게 작동하는지를 배운 것이지요. 둘째 과정으로 학생은 언어를 사용하는 방법, 자신이 사용하는 용어를 정의하고 정확하게 진술하는 방법, 논증을 구성하고 논거에 담긴 오류를 찾아내는 방법을 배웠습니다. 즉 변증술에는 논리와 논쟁이 포함되었다는 말이지요. 셋째로는 언어로써 자신을 표현하는 법을, 즉 자기가 해야 할 말을 유려하고 설득력 있게 말하는 방법을 배웠습니다. 이 과정이 끝나면 학생은 스승들이 정해 주거나 스스로 선택한 주제의 논문을 작성해야 했고, 그런 다음에는 교수단의 비판에 맞서 자신의 논문을 방어해야 했습니다. 이즈음이면 학생은 종이에 논문을 쓰는 법뿐 아니라, 연단에서 명료한 발음과 명쾌한 표현으로 말하는 법, 야유나 공격을 받을 때 민첩하고 재치 있게 대응하는 법도 다 배운 상태입니다. 만약 그것들을 제대로 배우지 못했다면 학생은 큰 곤경에 처하게 됩니다. 혹독한 논쟁의 시련을 많이 겪어 본 사람들이 그 학생에게 정곡을 찌르는 날카로운 질문들을 던져 댈 테니 말이지요. 물론 오늘날 보통 학교의 교육요강에도 중세 교육의 전통이 부분적으로 남아 있기도 하고, 되살려 낸 경우도 있는 것이 사실입니다. 지금도 외국어를 배울 때는 어느 정도의 문법 지식이 '여전히' 요구되지요. 어쩌면 '다시금' 요구된다고 말하는 게 더 맞을지도 모르겠네요. 나도 겪어 보았듯이, 한때 우리는 곡용declension*과 활용conjugation**을 따로 가르치는 것은 잘못된 일이며, 공부하는 과정에서 저절로 익히게 하는 것이 더 낫다고 생각하던 시기도 있었습니다. 요즘 학교에서는 토론모임이 번성하고 작문도

---

* 성, 수, 격에 따른 명사, 대명사, 형용사의 어형 변화.
** 시제, 수, 법, 태에 따른 동사의 어형 변화.

시키며 '자기표현'의 필요성을 강조하지요. 아니 어쩌면 너무 과하게 강조하는 것 같기도 합니다. 그러나 이런 활동들은 대개 따로 분리되어 행해집니다. 모든 '과목들'을 포괄하는 일관된 정신훈련의 체제를 형성하는 것이 아니라 각자 따로 구획된 특수 과목에 속하는 것처럼 말입니다. 특히 '문법'은 외국어 '과목'에 속하고, 작문은 '영어' 과목에 속하는 반면, 변증술은 교과과정에서 거의 완전히 분리되어 대개는 아무 체계 없이, 학습이라는 주요 활동과는 아주 느슨하게만 연결된 방과후 별도의 활동으로 행해집니다. 전반적으로 볼 때 두 교육 이념의 큰 차이는 어디에 중점을 두는가입니다. 현대의 교육은 과목들을 가르치는 데만 치중하고, 사고하고 논쟁하고 자신이 내린 결론을 표현하는 방법은 학생들이 각자 공부하는 과정에서 홀로 터득하도록 방치합니다. 중세의 교육은 먼저 배움의 도구들을 벼리고 그 사용법을 가르치는 데 집중하며, 아무 과목이나 재료로 삼아 그 도구를 사용하는 것이 제2의 천성이 될 때까지 연습하게 했습니다.

물론 어떤 종류의 것이든 '과목들'은 있어야 합니다. 실제로 어떤 언어든 배우지 않고서 문법 이론을 배울 수 없고, 특정한 주제 없이 논쟁하거나 연설할 수 없지요. 중세에는 대부분 신학이나 고대의 윤리학 및 역사에서 논쟁 주제를 가져왔습니다. 사실 그런 주제들은 많은 경우 상투화되었고, 이런 상투화는 중세 말기로 갈수록 더욱더 심해졌지요. 또한 억지로 끼워 맞추고 지나치게 세세하게 따지고 드는 스콜라철학 특유의 논쟁 방식은 밀턴을 짜증 나게 만들었고 심지어 오늘날까지도 웃음거리가 되고 있지요. 당시의 그 주제들 자체가 오늘날 흔히 제시되는 우리의 작문 주제보다 과연 더 진부하고 시시한 것이었을까 하는 점에 대해서는 길게 말하지 않겠습니다. '휴가 중 나의 하루' 같은 식의 작문 주제는 이제 좀 지겹다고 느껴지지 않습니까? 그런데 우리가 중세의 논쟁을 웃음거리로 여기는 것은 대부분 뭔가를 잘못 안 결과입니다. 그 논쟁 주제들의 목적과 목표가 무엇인지 제대로 모르기 때문에 하는 말이라는 것이지요.

언젠가 어느 입담 좋은 강연자가, 바늘 끝 위에서 몇 명의 대천사가 춤을 출 수 있는지 아는 것이 중세에는 신앙이 걸린 문제였다고 주장하며 관객들의 웃음보를 터뜨렸고, 동시에 찰스 윌리엄스*를 가눌 길 없는

---

* Charles Walter Stansby Williams(1886~1945). 영국의
시인, 소설가, 극작가, 신학자, 문학평론가.

분노에 빠뜨렸지요. 그것이 결코 '신앙이 걸린 문제'가
아니었다는 건 굳이 내가 설명하지 않아도 되겠지요.
그것은 단지 천사의 실체적 본성이라는 주제를 정해
두고 행하던 논쟁 연습이었습니다. '천사는 물질인가',
'물질이라면 그들은 공간을 차지하는가'라는 주제였지
요. 대체로 옳다는 판결을 받았던 답은, 천사는 순수한
지성이며 물질은 아니지만 한계는 갖고 있어서 공간에
서 위치를 가질 수는 있지만 연장은 갖지 않는다는 것
이었습니다. 유사하게 비물질이면서 유사하게 한계를
가진 인간의 사고를 들어 유추해 볼 수 있겠네요. 요컨
대 만약 당신의 생각이 한 대상에, 이를테면 바늘 끝에
집중되어 있다면, 당신의 생각은 다른 어느 곳에 있지
않다는 의미에서 바늘 끝에 위치해 있지만, 당신의 생
각이 '거기에' 있다고는 해도 바늘 끝에서 공간을 차지
하고 있지는 않으므로, 그 무엇도 무한한 수의 다른 사
람들의 생각이 같은 시간에 동일한 바늘 끝에 집중되
는 것을 막지는 못한다는 것입니다. 그러므로 그 논쟁
의 진짜 주제는 공간에서의 위치와 연장을 구별하는
것이라고 봐야 합니다. 그때 그 논쟁을 행하는 재료가
천사의 본질이었던 것뿐이며, 우리가 직접 해 보았듯

이 그것은 다른 어떤 재료로도 충분히 행할 수 있는 논쟁이지요. 이 논쟁에서 얻을 수 있는 실질적인 교훈은 '거기에' 같은 단어를 '거기에 위치한 것'을 의미하는지 '거기서 공간을 차지하는 것'을 의미하는지 특정하지 않은 채 느슨하고 비과학적인 방식으로 사용하면 안 된다는 것입니다. 사람들은 머리카락까지 더 가늘게 쪼갤 정도로 세세하게 따지고 들었던 중세인들의 열성에 엄청난 조롱을 퍼부었습니다. 그러나 종이에 글로 쓴 것이든 연단에서 말로 한 것이든, 부끄러운 줄도 모르고 쏟아 낸 그 부당한 비난들, 일관성 없이 오락가락하고 의미도 모호한 함의들로 이루어진 논란의 표현들을 살펴볼 때면, 우리의 가슴 속에서는 그런 턱없는 비난을 읽거나 들은 모든 독자와 청중이 자신이 받은 교육으로 만든 튼튼한 방어용 갑옷을 착용하고 있어서 옳고 그름을 제대로 분별할 수 있었기를 바라는 마음이 솟아오릅니다.

왜냐하면 그 어느 때보다 갑옷이 절실히 필요한 오늘날, 우리는 우리의 젊은이들을 아무 무장도 하지 않은 상태로 밖으로 내보내고 있기 때문이지요. 그들 모두에게 읽기를 가르침으로써 우리는 인쇄된 말의 처분에 그들을 무방비상태로 내맡기고 있습니다. 영화와 라디오를 발명함으로써, 그들이 아무리 읽기를 싫어해도 말, 말, 말의 끊임없는 포화에서 결코 안전을 확보할 수 없게 만들었고요. 그들은 그 말이 무엇을 의미하는지 모르고, 그 말을 어떻게 막아 낼지도, 그 말의 칼날을 어떻게 무디게 만들지도, 어떻게 왔던 곳으로 다시 집어 던질 수 있는지도 모릅니다. 지성으로써 말들의 지배자가 되는 게 아니라 감정으로써 말들의 먹이가 되고 있습니다. 1940년에 우리의 청년들에게 소총을 들려 기갑전차와 싸우도록 내보냈을 때 격분했던 우리가, 젊은이들이 소량의 '과목들'만으로 대대적인 선전에 맞서 싸우도록 세상으로 내보내는 일에는 분개하지 않지요. 주문을 거는 듯한 연설가의 기교에 모든 계급, 모든 국가가 최면에 빠진 상황을 보며 깜짝 놀라는 것은 어쩐지 뻔뻔스러운 일 같습니다. 우리는 교육의 중요성에 대해 찔끔찔끔 사탕발림하고, 아주 가끔 약간의 보조금을 나눠 주지요. 학교를 마치는 연령을 뒤로 늦추고, 더 크고 더 좋은 학교를 지을 계획을 세우고, 교사들은 근무 시간뿐 아니라 퇴근 후에도 성실하게 노예처럼 일하지요. 그런데도 내가 보기에 이 모든 노력은 대부분 좌절되고 맙니다. 그 이유는 우리가 배움의 도구들을 잃어버렸기 때문이고, 그 빈자리에서 그 도구들이 해 주던 일을 엉성하고 단편적으로 흉내만 내고 있기 때문입니다.

그렇다면 무엇을?

그렇다면 우리는 무엇을 해야 할까요? 중세로 되돌아갈 수는 없습니다. 이는 우리가 익히 들어 온 말이죠. 우리는 되돌아갈 수 없다고 합니다. 혹시 돌아갈 수 있는 게 아닐까요? 분명히 해야 합니다. 저 명제를 이루는 단어를 꼼꼼히 뜯어보는 게 좋겠군요. '되돌아간다'는 말은 시간의 역행을 의미할까요, 아니면 착오의 교정을 의미할까요? 전자는 그 자체로 명백히 불가능한 일이고, 후자는 지혜로운 사람이라면 매일 하는 일이지요. '할 수 없다'는 말은 우리의 행동이 돌이킬 수 없이 결정되어 있다는 뜻일까요, 아니면 단지 그런 행동은 그것이 일으킬 반대를 감안할 때 매우 어려우리라는 뜻일까요? 분명 20세기는 14세기가 아니고, 14세기가 될 수도 없습니다. 그러나 이 문맥에서 '중세'가

특정한 교육 이론을 뜻하는 묘사적 표현일 뿐이라면, 우리가 약간의 수정을 가미해 그 중세로 '돌아가지' 말아야 할 무조건적인 이유는 없는 것 같습니다. 이미 우리는 수정을 가미해 '되돌아가는' 일을 하고 있지요. 이를테면 한때는 셰익스피어의 작품들을 테오필루스 시버와 데이비드 개릭의 '현대화된' 버전으로 공연하는 것이 극장가의 최신 유행이었지만, 이제는 셰익스피어가 쓴 원작 그대로 공연하는 방식으로 되돌아가지 않았습니까.

이제 우리 그런 진보적인 역행이 가능하다는 상상을 한번 즐겨 봅시다. 모든 교육의 권위를 깨끗이 치워 버리고 우리가 직접 고른, 지적 갈등을 처리할 실험적 장비들을 갖춘 소년과 소녀 들의 멋지고 작은 학교를 꾸려 보는 것입니다. 우리는 그 학생들의 부모가 이례적으로 유순한 이들이라고 가정할 것이고, 우리 상상의 학교에는 삼학의 목표와 방법을 완벽히 숙지한 교사들을 배치할 것이며, 각 학급은 부족함 없이 운영할 수 있을 만큼 규모가 작아야 하니 그에 맞춰 학교의 건물은 아주 널찍하고 직원 수도 충분할 것입니다. 그리고 시험위원회는 우리의 방식으로 교육받은 학생을 테스트할 자격이 있는 사람들로 구성할 것이고요. 이렇게 준비가 되었다면 교육요강의 밑그림을, 그러니까 '수정을 가한' 현대적 삼학의 밑그림을 그려 보고, 그런 다음 우리가 어디에 도달하게 될지 알아봅시다.

그런데 아이들이 몇 살 때 교육을 시작해야 할까요? 새로운 체제로 아이들을 교육하고자 한다면, 이전에 배웠던 것을 없던 일처럼 되돌릴 필요가 없는 상태가 좋겠지요. 게다가 좋은 것을 시작하는 일은 이를수록 좋은 데다가, 삼학은 본질적으로 배움이 아니라 배움을 위한 준비가 아닙니까. 그러니 우리는 아이들이 아주 어릴 때 교육을 시작할 것이고, 읽고 쓰고 계산하는 능력만 갖추었다면 시작하기에 충분하다고 생각합니다.

아동심리학에 대한 나의 관점은 솔직히 정통의 관점도 아니고 딱히 계몽된 관점도 아닙니다. 나 자신을 돌아보면(내가 제일 잘 아는 아이이자, 그 내면을 안다고 자부할 수 있는 유일한 아이가 나이므로), 발달에 세 단계가 있었음을 알 수 있습니다. 이 세 단계를 대충 구분하자면 앵무새 단계, 당돌한 단계, 시적 단계로 부를 수 있을 것 같군요. 마지막 시적 단계는 사춘기의 시작과 대략 일치합니다. 앵무새 단계는 외우는 것이 쉽고 전반적으로 즐거운 반면, 논리적 사고는 어렵고 전반적으로 거의 즐길 수 없는 시기입니다. 이 연령에는 사물의 형태와 외양을 곧잘 외우고, 자동차 번호판 숫자를 소리 내 읽기 좋아하며, 운을 맞춰 노래하고 알아듣기 힘든 여러 음절로 된 말들을 웅얼거리는 것을 재미있어하며, 무엇이든 단순히 축적하는 것을 좋아합니다. 그 뒤를 잇는 (그리고 당연히 어느 정도는 겹치는) 당돌한 단계에는 반박과 말대꾸, 사람들 특히 연장자들의 잘못 들춰내기, 알 수 없는 수수께끼 내기가 특징이지요. 극도로 성가신 시기로, 대개는 4학년(만 9~10세) 무렵에 시작됩니다. 시적 연령은 대중적으로는 '골치 아픈' 연령으로 알려져 있습니다. 자기중심적이고 자기표현을 갈망하지요. 오해받는 데 다소 특화되어 있다고도 할 수 있어요. 잠시도 가만히 있지 못하고 독립을 얻고자 애쓰며, 운이 좋고 제대로 지도를 받는다면 창의력의 시초를 보이는 시기이기도 합니다. 이미 알고 있는 것들을 종합하려고 하며, 다른 모든 걸 제쳐놓고 자기가 좋아하는 한 가지만 더 많이 알고 더 많이 행하려고 의도적인 열성을 보입니다. 내가 보기에 삼학의 구성은 이 세 연령대에 아주 적절하게 대응하는 것 같습니다. 즉 문법은 앵무새 시기에, 변증술은 당돌한 시기에, 그리고 수사학은 시적 시기에 대응합니다.

문법 단계

그러면 문법부터 시작해 봅시다. 실질적으로 이는 특정 언어의 문법을 의미하며, 그 언어는 굴절어inflected language여야 합니다. 비굴절어의 문법 구조는 변증술에 대한 사전 경험이 없는 사람이 처리하기에는 너무 분석적입니다. 게다가 굴절어는 비굴절어를 해석하는 데 도움이 되지만, 비굴절어는 굴절어를 해석하는 데 거의 소용이 없지요. 내가 당장 이 자리에서 확신을 갖고 말할 수 있는 것은, 교육을 위한 가장 좋은 밑바탕이 바로 라틴어 문법이라는 것입니다. 내가 이렇게 말하는 것은 라틴어가 전통이 있는 언어이고 중세 언어라서가 아니라, 라틴어에 관한 기본 지식만 있으면 다른 과목 거의 대부분을 배울 때 들어가는 노력과 수고를 최소한 절반은 줄여 주기 때문입니다. 라틴어는 모든 게르만어군 언어의 어휘와 구조, 모든 과학의 전문적 어휘와 지중해문명 전체의 문학과 역사 자료에서도 핵심을 차지하지요.

　　사어보다는 현재 사용되는 언어가 낫다고 생각하는 현학적인 사람들은 학생들에게서 이런 모든 이점을 박탈하고는 대신 한층 더 원시적인 문법을 가진 러시아어를 가르치려 할지도 모릅니다. 물론 러시아어는 다른 슬라브어들을 공부하는 데는 도움이 되지요. 고대 그리스어에도 장점이 있고요. 그러나 나는 라틴어를 최고로 꼽습니다. 이만하면 여러분 가운데 고전주의자들을 충분히 흡족하게 만들었을 테니, 이제는 그들을 경악에 빠트릴지도 모를 말을 덧붙여야겠네요. 나는 우리의 평범한 학생들에게, 대단히 정교하고 인위적인 시 형식과 웅변이 발달했던 아우구스투스 대제 당시 문예융성기의 엄격한 기준의 라틴어를 억지로 가르치는 것은 현명한 일도, 필요한 일도 아니라고 생각합니다. 고전 이후Post-classical와 중세의 라틴어는 르네상스 시기가 끝날 때까지 사용되던 언어로, 고전 라틴어보다 더 쉽고 여러 면에서 더 생동적입니다. 이 시기의 라틴어를 공부하면, 배움과 문학이 그리스도의 탄생과 함께 완전히 멈추었다가 수도원 해산* 시기에 다

---

* 영국 국교회를 세우고 교황과 대립하던 헨리 8세가 1536
년부터 1541년까지 교황권의 보루인 가톨릭 수도원들을 해
산하고 그 재산을 몰수한 사건.

시 깨어났다는 널리 퍼진 오해도 털어 낼 수 있지요.

그러고 보니 내가 너무 앞서간 것 같군요. 우리는 아직 문법 단계에 있는데 말이죠. 라틴어는 가능한 한 빨리 시작하는 게 좋습니다. 놀랄 거리 가득한 이 세상에서 굴절어로 된 말이라는 것이 다른 현상들보다 특별히 더 놀라운 건 아니라고 느낄 수 있는 시기, '아모amo, 아마스amas, 아마트amat'**를 외는 것을 '이니eeny, 미니meeny, 마이니miney, 모moe'***를 외는 것만큼 즐거운 놀이처럼 느낄 수 있는 시기에 말입니다.

물론 이 연령대에는 라틴어 문법 외에 다른 것들에 대해서도 정신을 훈련해야 합니다. 관찰과 기억은 이 시기에 가장 활발한 능력이지요. 그리고 현대의 외국어를 배우려면, 얼굴의 근육과 정신의 근육이 낯선 억양에 거부반응을 일으키기 전인 이 시기에 시작해야 합니다. 그러니까 라틴어 문법을 훈련하는 한편으로 프랑스 말이나 독일 말도 연습할 수 있습니다.

한편 영어로 운문과 산문을 암기할 수도 있는데, 학생의 기억 속에 각종 이야기를 쟁여 두는 게 좋습니다. 고대의 신화나 유럽의 전설 같은 것 말이지요. 그러나 고전의 이야기나 고대문학의 걸작들을 라틴어 문법

** '사랑하다'라는 뜻인 라틴어 동사의 1인칭, 2인칭, 3인칭 단수의 직설법 능동태 현재 활용형.
*** 영어권 나라의 아이들이 놀이에서 술래를 정하거나 편을 가를 때 부르는 노래 혹은 구호.

을 연습하기 위한 용도로 사용할 필요는 없다고 생각합니다. 그것은 우리가 굳이 이어가지 않아도 될 중세 교육의 한 가지 단점입니다. 아직 그 이야기들은 영어로 즐기고 기억해 두었다가 다음 단계에서 원전과 연결 지으면 됩니다. 혼자서든 합창으로든 소리 내어 낭송하는 연습도 해야 합니다. 이 단계의 공부는 논쟁(변증술)과 웅변술(수사학)을 위한 토대를 쌓는 것임을 잊으면 안 되니까요.

역사로 문법을 공부할 때는 날짜와 사건, 일화, 인물들로 구성해야 합니다. 일련의 날짜들은 나중에 배울 역사적 지식에 쐐기처럼 끼워 넣을 수 있어서 역사 전체를 바라보는 시야를 확보하는 데 아주 큰 도움이 되지요. 어떤 날짜든 상관없습니다. 잉글랜드 왕들과 관련된 날짜도 좋고, 거기에 의상과 건축 및 다른 일상적인 것들에 관한 그림을 곁들여, 어떤 날짜를 언급하기만 해도 그 시기 전체에 대한 강렬한 시각적 인상까지 떠오른다면 더할 나위 없이 좋겠지요.

이와 유사하게 지리 또한 지도와 자연적 특징, 관습, 의상, 동식물 등의 시각적 요소들과 함께 공부하는 게 좋습니다. 요즘에는 수도와 강, 산맥 등의 이름을 암기하는 구식 공부 방법은 좋지 않다고들 말하던데, 나는 그런 암기가 해가 될 게 없다고 생각합니다. 우표 수집도 권장할 만하고요.

앵무새처럼 외는 시기에 과학은 여러 가지를 수집하면서 자연스럽고 수월하게 자리를 잡습니다. 표본이나, 과거에 일반적으로 '자연철학'의 대상이라 여겨졌던 것들을 식별하고 이름을 붙이는 것을 통해서 말이지요. 이 시기의 아이들은 사물의 이름과 특징을 아는 것 그 자체에서 큰 만족을 느낍니다. 척 보고 유럽대왕반날개를 알아보는 것, 자기보다 나이는 많지만 아는 건 모자란 가족들에게 유럽대왕반날개가 생긴 모습과는 달리 쏘지 않는다고 안심시켜 주는 것, 카시오페이아자리와 플레이아데스성단을 찾아낼 수 있고, 어쩌면 카시오페이아와 플레이아데스가 누구였는지도 아는 것, 고래는 물고기가 아니고 박쥐는 새가 아니라는 것을 아는 것. 이런 것들은 모두 아이들에게 유쾌한 우월감을 안겨 줍니다. 한편 독이 있는 뱀과 독이 없는 뱀, 독버섯과 식용 버섯을 구별할 줄 아는 것은 실용적인 가치도 있는 지식이고요.

물론 수학의 문법은 이때 익히지 않으면 절대 재

미있게 익힐 수 없는 구구단과 함께 그리고 기하학적 도형과 수의 종류를 아는 것과 함께 시작됩니다. 이런 연습들은 자연스럽게 간단한 덧셈으로 이어지지요. 더 복잡한 계산법들은 뒤에서 말할 명백한 이유 때문에 다음 시기로 미뤄도 되고, 아니 미루는 것이 더 낫습니다.

지금까지 우리의 새로운 커리큘럼에는 (물론 라틴어는 제외하고) 현재 일반적으로 행하는 교육과 크게 동떨어진 것은 없습니다. 차이는 오히려 교사의 태도에서 느껴질 것입니다. 우리의 교육과정에서 교사는 이 모든 활동을 그 자체의 '과목들'로 보기보다 삼학의 다음 단계에서 사용할 재료를 모으는 활동으로 보아야 합니다. 그 재료들이 무엇인지는 그리 중요한 게 아닙니다. 또한 이 시기에는 유용하게 기억 속에 담아 둘 수 있는 것은 당장 이해할 수 있든 없든 상관없이 무엇이든 암기해 두어야 합니다. 현대의 교육은 너무 이른 시기에 아이의 정신에 합리적인 설명을 억지로 집어넣으려는 경향이 있습니다. 물론 아이가 자연스럽게 지적인 질문을 던진다면 즉각 합리적인 답을 해 주어야 합니다. 그런데 아이가 자기 능력으로 분석할 수 없는 것은 즐기지도 기억하지도 못할 거라고 단정하는 것은 어른들의 큰 착각이지요. 특히 '쿠빌라이 칸'처럼 상상을 강렬하게 자극하는 힘이 있는 대상, 라틴어 단어의 성을 암기하기 위해 운을 맞춘 노래처럼 매력적으로 청각을 자극하는 것, '퀴쿵퀘 불트'Quicunque vult*처럼 발음이 복잡하면서도 재미있는 다음절 단어를 아이들은 아주 재미있어하며 외웁니다.

그러고 보니 신학의 문법도 추가해야겠다는 생각이 드네요. 신학이라는 최상의 학문이 빠진다면 교육이라는 전체 구조물에서 최종적으로 종합하는 것이 결여될 테니 말입니다. 이 점에 동의하지 않는 사람들은 학생들의 교육에 제대로 갈무리되지 않은 미진한 것을 잔뜩 남겨 두고서도 뭐가 부족한지 느끼지 못하는 사람들일 것입니다. 이 문제는 생각보다 간단히 해결될 수도 있습니다. 왜냐하면 배움의 도구를 완전히 갖춘 즈음이면 학생 스스로 신학을 공부할 수도 있고, 그리하여 스스로 신학의 의미를 이해하려는 노력을 고수할 수도 있기 때문이지요. 그래도 아이의 이성이 신학이라는 주제를 익숙히 다루도록 언제나 그 주제를 쉽게 접할 수 있게 해 주는 것이 좋습니다. 문법 단계의 연

---

* 아타나시우스 신경(信經)의 첫 두 단어. "누구든 ~을 원하는 이는……"이라는 의미다.

령대에서는 구약과 신약의 부분을 들려줌으로써 창조와 반항과 구원의 서사, 즉 신과 인간의 이야기에 익숙하게 하고, 또한 사도신경과 주기도문, 십계명도 숙지하게 해야 합니다. 이 이른 시기에는 이런 것들을 알고 기억하는 것으로 충분하며 완전히 이해하는 것은 그리 중요하지 않습니다. 지금은 재료를 수집하는 단계라는 것을 잊지 맙시다.

논리 단계

정확히 몇 살 때 삼학의 첫째 부분에서 둘째 부분으로 넘어가야 하는지 단언하기는 어렵습니다. 일반적으로 학생이 당돌한 태도로 끝도 없이 논쟁을 벌이려는 성향을 드러내기 시작하면 그때가 바로 적합한 시점입니다. 첫 단계에서 가장 중요한 능력은 관찰과 기억이지만, 둘째 단계에서 가장 주된 능력은 논변적 이성이기 때문이지요. 첫 단계에서 나머지 모든 재료에 대한 열쇠를 쥐고 있던 활동은 라틴어 문법 훈련이었습니다. 둘째 단계에서의 핵심은 형식논리학 훈련입니다. 우리의 커리큘럼은 바로 이 지점에서 현대의 표준적 커리큘럼과 확연히 갈라집니다. 형식논리학을 하찮게 여기는 것은 전적으로 부당한 일입니다. 또한 형식논리학을 소홀히 한 것은 우리가 앞에서 열거한, 현대 지성의 성향에서 나타나는 온갖 심란한 징후들 대부분의 근본 원인이기도 하죠. 논리학의 위신이 떨어진 이유 중에는, 우리가 직관과 무의식이 인간의 조건을 거의 전적으로 결정한다고 생각하게 된 점도 있습니다. 지금 그 생각이 맞는지 틀리는지 논쟁할 시간은 없습니다. 나는 그저 이성의 적절한 훈련을 게을리하는 것이야말로 그 생각을 사실로 만드는 가장 확실한 방법이라는 말만 해 두겠습니다. 사람들이 논리학을 싫어하게 된 또 한 가지 이유는 논리학이 증명할 수 없거나 동어반복적인 전칭 명제들에만 전적으로 기초한다는 믿음 때문입니다. 그것은 잘못된 믿음입니다. 모든 전칭명제가 그런 종류에 속하는 것은 아니지요. 그러나 만약 그렇다고 하더라도 달라지는 것은 없습니다. "모든 A는 B다"라는 형태의 대전제를 가진 모든 삼단논법은 가설의 형태로 고쳐 쓸 수 있기 때문이지요. "만약 A라면, B이다"라는 논리는 정확한 주장을 하는 기술일 뿐입니다. A가 가설의 성격을 띠고 있다고 해서 그 방법의 타당성이 사라지는 것은 아닙니다. 사실 오늘날 형식논리학의 실질적 유용성은 확실한 결론을 내리는 것보다는 근거 없는 추론을 즉각 감지하고 그것이 타당하지 않음을 밝히는 데 있지요.

이제 우리의 재료들을 재빨리 검토하여 그것이 변증술과 어떤 관련이 있는지 알아봅시다. 언어의 측면에서는 앞에서 어휘와 형태론을 완성했으니, 앞으로는 구문론과 분석(즉 진술의 논리적 구조), 그리고 언어의 역사(우리의 생각을 전달하기 위해 진술을 구성하는 방식은 어떤 과정을 거쳐 지금과 같은 방식이 되었는가)에 집중할 수 있습니다.

독해는 이야기와 서정시에서 에세이와 논증과 비평으로 나아갈 것이며, 학생들도 직접 이런 종류의 글을 쓰는 시도를 하게 될 것입니다. 어떤 과목이든 상관없이 많은 수업이 토론의 형태로 진행될 것이고, 개별적 낭송과 합창 낭송 대신 연극을 공연할 것인데 특히 논증을 극의 형태로 만든 희곡들에 중점을 둘 것입니다.

이때 드디어 **수학**(대수, 기하학, 좀 더 높은 단계의 산수)이 교육요강에 포함되는데, 수학의 진짜 자리에, 다시 말해서 개별적인 '과목'이 아니라 논리학의 하위 부문의 자리에 놓이게 됩니다. 수학은 더도 덜도 아닌, 삼단논법의 규칙을 구체적으로 수와 측정에 적용한 것이며, 바로 그런 것이라고 가르쳐야 합니다. 다른 지식의 부분들을 밝혀 줄 수도, 다른 지식에 의해 밝혀질 수도 없는 어떤 미지의 신비나 특별한 계시인 것처럼 가르쳐서는 안 되지요.

역사는 토론에 매우 적합한 재료를 제공해 주며, 신학의 문법에서 도출한 단순한 윤리학 체계가 이 토론에서 보조적 역할을 합니다. 이 정치가의 행동은 정당했는가? 그 제도를 시행하여 어떤 결과가 나왔는가? 이러저러한 정부 형태를 지지하거나 반대하는 주장들은 어떤 것이 있는가? 이렇게 하여 헌법의 역사에도 입문하게 되는데, 어린아이들에게는 무의미한 주제지만 논쟁과 토론을 할 준비가 된 학생들은 몰입감과 흥미를 느낄 것입니다. 신학 자체는 행실과 도덕에 관한 논쟁의 재료를 제공할 것입니다. 또한 단순화한 신학 교리(즉 기독교 사상의 합리적 구조)에까지 범위를 확장함으로써 교리와 윤리 사이의 관계를 명백히 하고, 특정 사안에 윤리의 원칙을 적용하는 것, 즉 '결의론'決疑

論(casuistry)＊에도 익숙해지게 해야 합니다. 지리와 여러 과학도 모두 비슷한 방식으로 변증술에 재료를 제공합니다.

　　그러나 무엇보다 학생 본인의 일상생활에 존재하는 아주 풍부한 재료들도 무시해서는 안 됩니다. 레슬리 폴의 『생울타리』The Living Hedge에는 어린 소년 몇 명이 자기네 마을에 내린 특이한 소나기, 그러니까 중심가의 절반은 젖고 절반은 바짝 말라 있을 정도로 국소적으로 내린 소나기에 관해 며칠 동안 흥미롭게 논쟁을 벌이는 재미있는 구절이 나옵니다. 그날 마을에 비가 내렸다고 하는 게 맞을까? 아니면 비가 마을을 지나갔다고, 아니면 마을 안에 비가 왔다고 해야 할까? 물이 몇 방울이나 있어야 비라고 할 수 있는 걸까? 등등. 이 논쟁은 정지와 동작, 수면과 기상, 존재와 비존재, 시간의 무한한 분할 등의 갖가지 유사한 문제들로 이어졌지요. 이 대목 전체는 추론 능력의 자연스러운 발달, 용어의 정의와 진술의 정확성을 위한 이성을 깨우고자 하는 선천적이고 고유한 갈망을 보여 주는 아주 좋은 예입니다. 어떤 사건이든 그러한 갈망을 채워 줄

＊ 보편적인 규범을 적용하기 어렵거나, 규범과 의무가 충돌하는 특수한 경우에 옳고 그름을 결정하는 사안별 추론법. 중세 스콜라철학에서 유래한 방법으로 유사한 특정 사례에서 추출한 이론적 규칙을 새로운 사례에도 적용하는 것이다. 끼워 맞추기식 궤변으로 빠지기 쉽다.

재료가 될 수 있어요. 이를테면 심판이 판정을 내릴 때, 어떤 규칙 조항의 문구의 덫에 걸리지 않는 선에서 어느 정도까지 위반을 허용할 수 있는가와 같은 문제도 있겠죠. 이런 질문들에 대해 아이들은 타고난 결의론자들이기 때문에, 이러한 타고난 성향을 발달시키도록 훈련하고, 어른들의 세계에서 일어나는 사건들과의 연관관계를 이해시켜 주기만 하면 됩니다. 신문에는 이런 연습을 하기에 적합한 재료들이 가득하지요. 문제의 원인이 그리 난해하지 않은 법적 결정들이 있고, 어느 신문에나 독자투고란에 논리적 오류와 혼란스러운 주장들이 가득 쌓여 있으니 말입니다.

변증술의 재료를 어디서 찾든 간에 정말 중요한 점은, 존중하는 마음이 완전히 사라지게 하지 않으려면 훌륭한 논증이나 잘 표현된 주장의 우아함과 경제성에 초점을 맞추어 주의를 기울여야 한다는 것입니다. 비판은 단순히 파괴적이기만 해서는 안 됩니다. 하지만 동시에 교사와 학생 모두 오류와 허술한 논리, 모호성, 무관한 것과 쓸데없는 중복을 찾아낼 준비가 되어 있어야 하고, 즉각 달려들어 비판할 수 있어야 하지요. 이때가 바로 엄밀한 글쓰기를 시작하기에 적합한 시점입니다. 위와 같은 연습을 하면서 작문을 하면 완성된 글에서 그런 허술한 점들이 25~50퍼센트는 줄어듭니다.

당돌한 시기의 아이들에게 연장자를 상대로 윽박지르고 정정하고 언쟁을 벌이도록 부추기면 도무지 참아 줄 수 없는 존재가 될 거라며 반대하는 사람들이 분명히 있을 겁니다. 그런 주장에 답하자면, 그 연령대의 아이들은 어차피 참을 수 없는 존재들이며, 따지기 좋아하는 그들의 본성을 걷잡을 수 없이 치닫도록 내버려 두는 것보다는 더 유용한 방향으로 향하도록 하는 편이 더 낫다는 것입니다. 실제로 학교에서 그런 훈련을 하면 집에서는 따지는 성향이 훨씬 누그러질 거예요. 어쨌든 아이들은 항상 입 다물고 조용히 있어야 한다는 편리한 원칙을 포기한 어른이라면, 그 포기로 인해 일어나는 결과에 대해 자기 말고 달리 누구를 탓하겠습니까.

다시 말하지만 이 단계에서 교육요강의 내용은 여러분이 원하는 아무것으로나 정할 수 있습니다. '과목들'이 재료를 공급해 주기는 하지만, 정신의 맷돌에 넣고 돌릴 수 있는 곡식이기만 하면 어떤 재료든 괜찮지요. 학생이 스스로 자신이 원하는 정보를 찾아내도록 권장하는 것이 좋습니다. 그러니 도서관과 참고서적을 제대로 활용하는 방법, 권위 있는 출전과 그렇지 않은 출전을 구별하는 방법도 가르쳐야 합니다.

수사학 단계

당돌한 시기가 끝나 갈 무렵, 아마도 학생들은 자신의 지식과 경험이 충분하지 않으며, 자신의 훈련된 지성이 처리할 재료가 훨씬 더 많이 필요하다는 사실을 스스로 깨닫기 시작할 겁니다. 보통 당돌한 시기 동안 잠들어 있던 상상력이 다시 깨어나 논리와 이성의 한계를 느끼며 의심하도록 자극하지요. 이는 이 아이들이 시적인 연령대로 넘어가고 있으며 수사학 공부에 착수할 준비가 되었음을 의미합니다. 이제 지식 저장소의 문이 활짝 열려 아이들은 원하는 대로 그 속을 돌아다니며 훑어볼 수 있게 됩니다. 예전에 기계적으로 반복해 암기했던 것을 이제는 맥락 속에 넣어 새롭게 보고, 한때 냉철하게 분석했던 것을 이제는 한데 모아 새로운 종합적인 것을 만들어 낼 수도 있습니다. 여기

저기서 갑작스러운 통찰이 솟아오르며 모든 깨달음 중 가장 흥미진진한 깨달음, 즉 뻔한 진리의 말이 정말로 진실이라는 깨달음을 얻게 되지요.

　수사학 공부를 위한 일괄적인 교육요강을 꾸리기는 어려우며, 어느 정도 자유가 필요합니다. 문학에서는 다시금 감상이 파괴적 비판보다 우위에 서도록 허용해야 합니다. 이제 더욱 명료히 구분하고 균형을 이뤄 줄 글쓰기의 도구들이 날카롭게 벼려졌으므로 글쓰기를 통한 자기 표현도 한층 더 발전할 수 있습니다. 이미 특정 주제를 전문적으로 다루려는 성향을 보이는 아이에게는 자기가 원하는 것을 하도록 허락해야 합니다. 도구 사용법을 잘 익혔다면 어떤 공부에든 유용하게 쓸 수 있으니 말이지요. 학생들 각자가 한두 과목은 정말 잘 할 정도로 배워야 하지만 모든 지식의 상호 연관성에 마음을 열어 두도록 동시에 보조적인 과목들의 수업도 몇 가지 받는 것이 좋다고 생각합니다. 사실 이 시기에는 '과목들'을 서로 떼어 놓는 것이 오히려 더 어렵습니다. 변증술은 모든 배움의 분야가 서로 연관되어 있음을 보여 줄 것이고, 수사학은 모든 지식이 하나임을 보여 줄 것이기 때문이죠. 이런 사실을 보여 주고 그 이유가 무엇인지 보여 주는 것은 무엇보다 가장 으뜸인 학문, 바로 신학이 해야 할 역할입니다. 그러나 신학을 공부하든 하지 않든, 수학과 과학 쪽에 특화된 경향을 보이는 아이에게는 인문학에서 몇 가지 수업은 받게 해야 하고, 마찬가지로 인문학에 특화된 아이에게는 수학과 과학에서 몇 가지 수업은 받게 해야 합니다. 또한 라틴어 문법이 제 할 일을 마친 이 단계에서는 현대 언어의 공부를 이어가고 싶어 하는 학생이라면 라틴어 문법 공부는 그만두어도 됩니다. 수학에 적성이 없거나 잘 활용하지 못하는 아이들도 이제 수학 공부는 쉬도록 해도 좋습니다. 전반적으로 말해서 단순한 도구에 불과한 것이면 무엇이든 이제는 배경으로 물러나게 해도 되는 것이죠. 이 시기에 훈련된 정신은 점점 각 '과목들'에 대한 전문화의 준비를 갖추게 되고, 삼학이 완료된 시점이면 '과목들'을 스스로 공부할 수 있는 완벽한 채비를 갖추게 됩니다. 삼학의 최종 종합, 즉 논문을 발표하고 공개적으로 방어하는 일은 어떤 형식으로든 되살려야 하며, 마지막 학기에 하는 일종의 '졸업시험' 성격으로 할 수도 있을 것입니다.

수사학 공부의 범위는 학생이 16세에 바로 세상으

로 나갈 것인지 대학으로 진학할 것인지에 따라서도 달라집니다. 수사학은 14세 무렵에 시작해야 하므로, 진학하지 않을 학생들은 9~11세에 문법을 공부하고 12~14세에 변증술을 공부해야 합니다. 그러면 마지막 두 학년은 수사학에 전념하게 되는데, 이 경우에는 학생이 즉각 실용적인 직업에 착수하기 적합하도록 상당히 전문적이고 직업적인 종류의 수사학 공부가 될 것입니다. 대학에 진학할 학생들은 진학 준비를 위해 초등학교에서 변증술 과정을 마치고, 중등학교의 첫 2년 동안 수사학 과정을 공부하게 됩니다. 16세에는 나중에 대학에서 공부하기로 예정된 '과목들' 공부를 시작할 준비가 되는데, 이 단계는 중세의 사과에 해당하지요. 결과적으로 16세에 공식 교육을 마치는 평범한 학생들은 삼학만을 공부하게 되며, 학문을 할 학생들은 삼학과 사과를 모두 공부하게 된다는 뜻입니다.

삼학에 대한 옹호

그렇다면 삼학 교육으로 평생을 살아가기에 충분한 것일까요? 제대로만 가르쳤다면 그렇다고 나는 생각합니다. 변증술이 끝나는 시점의 이 아이들은 구체적인 과목의 상세한 지식의 측면에서는 옛 방식의 '현대적' 방법으로 교육받은 동년배보다 훨씬 뒤처진 것처럼 보일지도 모릅니다. 그러나 14세 이후로는 다른 학생들을 금세 척척 앞지를 수 있게 됩니다. 삼학을 철저하고 능숙하게 익힌 학생이라면 16세에 곧바로 대학으로 진학할 자격이 된다고 나는 확신합니다. 그럼으로써 그 학생은 우리가 이 글의 서두에서 조숙한 진학 연령에 깜짝 놀랐던 중세의 동년배 학생들에게 뒤지지 않음을 스스로 증명할 테지요. 이는 분명 잉글랜드의 중등교육 과정을 뒤죽박죽으로 만들고 대학들을 상당히 당황스럽게 만들 것입니다. 예를 들어 옥스퍼드와 케임브리지 대학생들 사이의 경쟁도 지금과는 양상이 상당히 달라질 것입니다. 하지만 대학들의 감정을 살피는 것은 지금 내가 할 일이 아닙니다. 나는 현대 세계가 학문을 담당하는 기관들에 만들어 준 어마어마한 양의 소화되지 않은 문제 더미를 직면하고 해결할 수 있도록 정신을 올바르게 훈련하는 방법에만 관심이 있습니다. 배움의 도구는 어떤 과목이든 동일하고, 그 도구의 사용법을 아는 사람은 연령과 상관없이 그 도구를 다룰 줄 모르는 사람들보다 절반의 시간과 4분의 1의 노력만으로 새로운 과목에 통달할 수 있습니다. 여섯 과목을 배우고도 그것을 어떻게 배웠는지 기억하지 못한다면 일곱 번째 과목에도 쉽게 접근할 수 없지만, 배움의 기술을 배우고 기억한다면 어떤 과목에든 활짝 열린 문처럼 쉽게 다가갈 수 있지요.

이 새로운 중세식 커리큘럼의 성공 여부는 공통의 목적을 향한 모든 교직원의 협력이 크게 좌우할 것입니다. 어떤 과목도 본질적으로 유해하지는 않으므로, 교무실 안에서 경쟁이 벌어지는 것은 애석하고 부적절한 일이지요. 학생이 어떤 이유에선가 금요일마다 역사 수업에 혹은 화요일마다 셰익스피어 수업에 빠질 수밖에 없는 상황이거나, 다른 과목을 선택하여 한 과목 전체를 빼먹어야 하는 일이 생기더라도, 그런 일로 교사들이 시샘해서는 안 됩니다. 핵심은 학생이 자신에게 가장 잘 맞는 수단을 통해 배움의 방법을 습득하는 것이니까요. 자신이 맡은 과목에 대한 전문가적 자부심에 타격을 입으면 마음 상하는 것이 인지상정이겠지만, 다행히 기말시험 결과에는 영향을 미치지 않을 것입니다. 시험지는 수단이 무엇이든 배움의 방법을 시험하는 방식으로 꾸려질 테니 말이죠.

모든 교사가 삼학의 세 부분 모두를 가르칠 자격과 요건을 갖추는 것이 자기 자신을 위해서도 매우 중요한 일이라는 점을 덧붙이고 싶습니다. 그렇지 않다면 특히 변증술 교사들은 자신의 정신이 영원히 사춘기에 머물러 있는 것을 발견하게 될지도 모릅니다. 이런 이유로 진학을 준비하는 초등학교의 교사들은 연계된 중등학교에서, 혹은 연계된 학교가 없다면 같은 지역에 있는 다른 학교에서 기회를 마련해서라도 수사학 수업을 받아야 합니다. 혹은 초등학교에서, 13세부터 몇 가지 수사학 수업을 하는 방법도 있겠군요.

필연적으로 무척 개략적일 수밖에 없는 이 제안을 마무리하기에 앞서 내가 왜, 우리가 과거에 버렸던 교육 방식을 오늘날 되살려야 한다고 생각하는지 그 이유를 말하는 것이 마땅하겠지요. 사실 우리는 지난 약 300년 동안 교육이라는 자본으로 먹고살았습니다. 르네상스 이후의 세계는 수많은 새로운 '과목'의 등장에 어리둥절하고 흥분한 상태에서 과거의 교육법(실제 적용되는 방식이 애석할 정도로 따분하고 상투화되었던)에서 탈피하고, 그때부터는 삼학을 거치지 않고도 새롭게 확장된 사과만으로 마음껏 행복을 누릴 수 있을 거라고 상상했습니다. 그러나 스콜라철학의 전통은 허물어지고 불구가 된 상태임에도 여전히 중등학교와 대학에 남아 있었습니다. 그 전통을 호되게 비판했던 밀턴조차 그 체제에 의해 형성된 사람이었지요. 『실낙원』 속 타락 천사들의 토론 및 압디엘과 사탄의 논쟁에 스콜라철학의 흔적이 새겨진 것을 보면 알 수 있어요. 그런데 한편으로 그 토론 내용은 우리의 변증술 공부를 위한 자료로 활용해도 아주 유용할 것 같습니다. 19세기까지 줄곧 우리의 공적인 일 대부분을 담당하고, 책과 신문과 잡지 대부분을 쓴 사람들은, 여전히 스콜라철학의 전통이 기억에 생생하게 남아 있을 뿐 아니라 거의 혈관 속을 흐르고 있던 가정과 기관에서 교육받은 사람들이었지요. 그래서 오늘날 무신론자이거나 종교에 관한 한 불가지론자인 많은 사람조차 자신의 내면에 너무 깊이 뿌리내리고 있어서 의문을 가져 볼 생각조차 해 본 적 없는 기독교 윤리에 행동의 통제를 받고 있습니다.

그러나 영원히 자본을 파먹고 살 수는 없지요. 어떤 전통이 아무리 굳건하게 뿌리내리고 있다 해도 그

뿌리에 물을 주지 않는다면 쉽게 죽지는 않더라도 언젠가는 죽고 맙니다. 그리고 오늘날 우리의 공적인 일들을 담당하고, 우리의 책과 신문을 쓰고, 연구를 하고, 연극과 영화를 만들고, 강단과 설교단에서 말하는 사람들, 무엇보다 우리의 젊은 세대를 교육하는 사람들의 상당수, 아니 어쩌면 대다수는 잔존하는 옛 전통에 관한 기억으로조차 스콜라철학의 교육법을 경험해 본 적이 한 번도 없는 이들입니다. 교육을 받는 아이들 중 그 전통을 전달받는 아이들은 점점 더 줄어들지요. 우리는 모든 과제에 쉽게 적용할 수 있는 배움의 도끼와 쐐기, 망치와 톱, 끌과 대패를, 배움의 도구를 잃어버렸습니다. 그 대신 복잡한 공구 세트만을 갖게 되었는데, 그 공구들은 각각 한 가지 기능만 할 수 있고, 우리는 그 공구를 사용하면서도 눈과 손을 전혀 훈련할 수 없으며, 아무도 그 공구로 하는 작업 전체를 볼 수도, '작업이 끝난 상태를 예상할' 수도 없습니다.

과제 위에 과제를 계속 쌓고 노동의 날들을 연장해도, 그 일이 끝났을 때 가장 중요한 목표가 달성되지 않는다면 무슨 소용이 있겠습니까? 그것은 교사들의 잘못이 아닙니다. 그들은 지금도 이미 너무 열심히 일하고 있을 뿐입니다. 자신의 뿌리를 잊어버린 한 문명의 어리석음이 교육이라는 구조물을 모래 위에 위태위태하게 지어 놓고는 그 무게를 떠받치는 일을 교사들에게 강요하고 있는 것입니다. 학생들 스스로 해야 할 일을 교사들이 대신해 주고 있습니다. 교육의 단 하나 진정한 목표는 바로 스스로 배우는 방법을 가르치는 것이기 때문입니다. 그리고 그것을 가르치지 못하는 교육이라면 헛되게 낭비하는 노력일 뿐입니다.

주

읽기 공부에 관하여

1) 프리스키아누스 카이사리엔시스(Priscianus Caesarien-sis). 5세기 말~6세기 초에 콘스탄티노플에서 활동한 라틴어 문법학자. 대표 저서인『문법교육』(Institutiones grammaticae)은 중세의 표준 라틴어 교과서로 쓰였다.

2) 아엘리우스 도나투스(Aelius Donatus). 4세기 중반에 활동한 로마의 문법학자이자 수사학 교사.

3) 마우루스 세르비우스 호노라투스(Maurus Servius Honoratus). 4세기 후반~5세기 초반에 활동한 문법학자로, 당대 이탈리아에서 가장 박식한 사람이라는 평판을 받았다.

야만에 반대하다

1) 「요한복음」12장 32절

2) 「누가복음」19장 23절

공부의 적합한 순서와 우리 시대의 공부법

1) 희곡『고행자』(Heauton timorumenos). 고대 그리스의 극작가 메난드로스의 동명의 작품『헤아우톤 티모루메노스』(Ἑαυτὸν τιμωρούμενος)를 로마의 극작가 테렌티우스가 번안한 작품이다.

2) 돌고래자리는 신들이 하프 연주자 아리온의 목숨을 구해준 돌고래를 어여삐 여겨 별자리로 만들어 준 것으로, 저자가

암피온과 아리온의 이야기를 혼동한 듯하다.

대학이란 무엇인가

1) Joseph Butler(1692~1752). 잉글랜드의 주교, 신학자, 철학자.

2) 1대 채텀 백작 윌리엄 피트(William Pitt, 1st Earl of Cha-tham, 1708~1778). 휘그당원으로 1768년 사실상의 수상직을 겸하여 국정을 지도한 영국의 정치가.

3) 조지 릴리 크레이크(George Lillie Craik)의 『역경 속의 지식 추구』(Pursuit of Knowledge under Difficulties, 1830) 서문 중.

4) 키케로, 『의무론』(De officiis, 서기전 45)

5) 서기전 800(?)~730. 혼란하고 부패했던 스파르타 사회를 개혁하여 군국주의 체제를 완성한 스파르타의 전설적 입법자. 그의 개혁은 스파르타 사람의 세 가지 덕목인 평등, 군사적 적합성, 엄격성을 지향했으며, 군사훈련을 시민의 의무로 만들었다.

6) 그리스 남부 펠로폰네소스 반도에 위치한 지방으로, 고대 올림픽이 열리던 올림피아가 있는 곳. 오늘날의 일리아 현.

7) 마르쿠스 툴리우스 키케로(서기전 106~서기전 43). 로마의 정치가, 웅변가, 철학자. 기원전 49년 폼페이우스와 카이사르 사이에 벌어진 로마의 내전에서 원로원파인 폼페이우스 진영에 가담한다. 내전에서 승리한 카이사르는 키케로를 사면하고 계속 정치 활동을 해 줄 것을 권고했지만, 키

케로는 카이사르의 일인 독재정치에 회의를 느끼고 물러나 주로 철학을 주제로 한 책을 쓰며 시간을 보낸다. 카이사르가 암살된 후, 키케로는 공화정을 되살리려는 희망으로 마르쿠스 안토니우스의 일인독재와 폭력 정치를 규탄하다가 안토니우스의 부하들에게 암살당했다. 안토니우스는 공화주의 신념을 잃지 않고 자신을 규탄하는 글을 썼던 손까지 괘씸히 여겨 키케로의 머리뿐 아니라 두 손까지 로마 광장에 내다 걸었다.

8) 로마 제국의 정치인, 사상가, 문학가인 세네카는 뛰어난 학자이자 정치가였지만 폭군 네로의 스승이었다는 사실이 오점으로 남아 있다.

9) 서기전 85~서기전 42. 로마 공화정 말기 정치가. 카이사르는 오랜 연인의 아들이라는 이유로 브루투스를 유난히 관대하게 대했지만, 공화주의자인 브루투스는 결국 황제가 되고자 하는 카이사르를 암살하는 데 주도적 역할을 했다. 이복 외삼촌인 소 카토에게서 큰 영향을 받았다.

10) 소 카토(서기전 95~서기전 46). 로마 공화정 말기의 올곧고 청렴결백한 정치가이자 철학자로 대 카토의 증손자다. 키케로와 함께 로마 공화정을 수호하는 공화파의 대표적 인물로 카이사르와 맞섰다. 내전이 카이사르의 승리로 기울자 그에게 항복하지 않고 스스로 목숨을 끊었다.

11) 폴레몬(?~서기전 270년경). 부유한 정치가의 아들로 젊어서 무책임하고 방탕하게 살았다. 서른 즈음에 친구들과 흥청망청 놀다가 크세노크라테스의 철학학교에 침입했는데,

그 혼란의 와중에도 차분히 강의를 이어가는 크세노크라테
스를 보고 감동하여 쓰고 있던 화관을 집어던지고 그가 하
는 절제에 관한 강의에 귀 기울였고, 그날로 소박하고 절제
된 삶을 살며 철학 공부에 몰두해 플라톤 학파 철학자가 되
었다. 크세노크라테스 사후에는 아테네 철학 학교 교장직
을 이어받아, 플라톤 이후 4대 교장이 되었다.

12) 아낙사고라스(서기전 500~서기전 428). 이오니아의 클라
조메나이 지방의 부유한 집안에서 태어났다. 철학을 공부
하러 여행을 떠났다가 돌아왔을 때 가산이 모두 탕진되어
없어진 것을 보고 "집이 폐허가 되지 않았다면 내가 폐허가
되었을 것"이라고 말했다고 한다. 물질적 소유보다 철학에
대한 헌신을 중시하는 그의 태도를 보여 주는 말로 널리 인
용된다. 이후 아테네로 건너가 자연철학을 연구하며 살아
갔으나, 태양이 불타는 돌덩이에 불과하다는 말로 신에 대
한 불경죄에 걸려 아테네에서 추방당했다.

13) 영국의 철학자, 정치인(1561~1626)이며 영국 경험론의 선
구자이다. 케임브리지대학에서 수학하였고 변호사, 하원
의원, 차장 검사, 검찰 총장 등을 거쳐 1617년 대법관이 되
었으나 1621년 뇌물 사건을 일으켜 명예도 지위도 잃었다.
이듬해 특별사면을 받았지만 공직에서 물러나 연구와 저술
에 몰두하였다.

공부의 고전
: 스스로 배우는 방법을 익히기 위하여

2020년 5월 24일 초판 1쇄 발행

지은이
성 빅토르의 후고, 루키우스 안나이우스 세네카,
데시데리우스 에라스무스, 후안 루이스 비베스,
프랜시스 베이컨, 잠바티스타 비코, 새뮤얼 존슨,
존 헨리 뉴먼, 도로시 L. 세이어즈

옮긴이
정지인

펴낸이	**펴낸곳**	**등록**
조성웅	도서출판 유유	제406-2010-000032호(2010년 4월 2일)

주소
경기도 파주시 책향기로 337, 301-704 (우편번호 10884)

전화	**팩스**	**홈페이지**	**전자우편**
031-957-6869	0303-3444-4645	uupress.co.kr	uupress@gmail.com

	페이스북	**트위터**	**인스타그램**
	facebook.com	twitter.com	instagram.com
	/uupress	/uu_press	/uupress

편집	**디자인**	**마케팅**
사공영, 김은경	이기준	송세영

제작	**인쇄**	**제책**	**물류**
제이오	(주)민언프린텍	(주)정문바인텍	책과일터

ISBN 979-11-89683-38-2 04100
      979-11-89683-34-4 (세트)